高等职业教育学前教育新业态系列教材

总主编◎赵 刚 于冬青

You'eryuan Banji Guanli

# 幼儿园班级管理

教案课件
附教学资源
项目练习

主 编◎梁梦琳 管钰嫦
副主编◎陆丽冕 玉丹萍 陆 瑶

同济大学出版社
TONGJI UNIVERSITY PRESS
·上海·

## 内 容 提 要

本书是"高等职业教育学前教育新业态系列教材"中的一本,集理论与实践于一体,以就业为导向,以技能为标准,立足于专业技能教学、就业岗位需求和专业资格认证三位一体理念编写。

本书共四个模块,包括认识与创建幼儿园班级、幼儿园班级的日常管理、家园社的沟通与合作和幼儿园不同阶段典型工作管理,涵盖幼儿园班级环境创设、幼儿园一日常规管理、班级安全管理、人际关系处理、家庭与社区教育资源开发与利用、组织入园适应工作、探索幼小衔接工作、设计与组织大型活动等内容。

本书链接岗位真实工作任务,每个模块均设置了任务情境,每个项目均展示了鲜活的案例,设计了适宜的研修实践活动,以模拟任务驱动学生学习。同时,每个项目后均设置了学习情况评价表,便于学生自查和教师评价。

本书配有教案、课件等资源,可供教师与学生教学、练习使用。

本书可作为高职高专、职业本科学前教育专业的教材,也可以作为学前教育工作者的专业用书。

**图书在版编目(CIP)数据**

幼儿园班级管理 / 梁梦琳,管钰嫦主编;陆丽冕,玉丹萍,陆瑶副主编. -- 上海:同济大学出版社,2025.2. -- (高等职业教育学前教育新业态系列教材 / 赵刚,于冬青主编). -- ISBN 978-7-5765-1462-9

Ⅰ.G617

中国国家版本馆CIP数据核字第2025BE9414号

---

## 幼儿园班级管理

| | | | | |
|---|---|---|---|---|
| **主　编** | 梁梦琳　管钰嫦 | **副主编** | 陆丽冕　玉丹萍　陆　瑶 | |
| **责任编辑** | 屈斯诗 | **助理编辑** 夏晗丹 | **责任校对** 徐逢乔 | **封面设计** 渲彩轩 |

| | |
|---|---|
| 出版发行 | 同济大学出版社　www.tongjipress.com.cn |
| | (地址:上海市四平路1239号　邮编:200092　电话:021-65985622) |
| 经　销 | 全国各地新华书店、网络书店 |
| 排版制作 | 南京展望文化发展有限公司 |
| 印　刷 | 上海新华印刷有限公司 |
| 开　本 | 787mm×1092mm　1/16 |
| 印　张 | 11.5 |
| 字　数 | 266 000 |
| 版　次 | 2025年2月第1版 |
| 印　次 | 2025年2月第1次印刷 |
| 书　号 | ISBN 978-7-5765-1462-9 |
| 定　价 | 49.00元 |

本书若有印装质量问题,请向本社发行部调换　　　版权所有　侵权必究

# 序

在家校社协同育人的教育体系里，幼儿进入小学之前的教育对其人生质量具有初始性、奠基性的重要作用。我国有"三岁看大，七岁看老"之说，德国多纳塔·艾申波茜博士的《小脑袋，大世界》一书中有两句话风靡全球：1~7岁也许不到人生的10%，却决定了人生的70%；只有发掘好人生的前8年，才能过好人生的80年。这些都是对幼儿园教育、家庭教育重要作用的形象表述。随着我国"十四五"规划的全面布局，学前教育进入新发展阶段，发展的重点将从资源供给逐步转向内涵提升。要办好让人民满意的学前教育，配齐配强教师队伍是关键。近年来在学前教育专任教师中，获得专科以上学历的教师已占绝大部分，教师专业水平明显提升。其中，高职院校培养和向社会输送了大量高素质技能型专业人才，为我国学前教育事业发展提供了强大的智力支撑，发挥了职业教育中学前教育专业独特的优势与作用。

社会发展、科技进步与教育改革，使幼儿教育事业面临少子化、市场化、信息化等多重挑战。随着广大家庭对子女教育质量要求的不断提升，幼儿教育事业出现了前所未有的行业发展新形态，这既是挑战，又是机遇。我们深刻感到，要走好教育强国建设的历史新征程，为社会培养更多适应这种变化的优秀幼师仍是学前教育专业工作者的重大课题。为此，我们进行了一项既意义重大又极具挑战性的实践：编写一套适应职业院校学前教育专业教学的系列教材，为新发展格局下我国职业教育学前教育专业的教学改革提供有效支持。

教材应体现党和国家的意志，学前教育专业教材更应站稳中国立场，讲好中国故事，传递中国声音。为了编好本套教材，我们前后进行了一年多的调研，聚集了一批优秀的教育实践工作者和教育理论研究者，深入贯彻落实《3~6岁儿童学习与发展指南》《幼儿园教育指导纲要》等文件精神，探讨学前教育领域的新形势、新理念，凝聚共识，落实要点。编写者们拥有丰富的教学经验和先进的教学理念，具备深厚的教材编写功底，更重要的是，他们对教育事业怀有巨大的热忱，无私地分享自己的教学经验，引领更多的教师教出更好的学生。

这套"高等职业教育学前教育新业态系列教材"的编写，遵循"德技并修，理实一体，重构转化，创新探索"的融通育人原则，展示了学前教育专业的课程体系，涵盖本专业的基础课、核心课和选修课，利于学生构建全面牢固的知识体系；突出了教育专业学生的职业道德要求，提炼思政要素，整理思政教学案例，明确德育目标，引导学生锤炼高尚品格；适应了技能型人才培养的职业教育导向，按照新形态体例编写，对准幼儿园教师岗位需求，以实用技能培训为引领，帮助学生及早适应真实工作环境；强化了理论知识的学习要点，在职业教育层次应掌握的理论水平上更进一步，提供更丰富的学习内容，满足高职学生精进学业、提升学历的现实需求；运用了多样的教学手段，顺应融媒体、数字化赋能教育的潮流，配备丰富教学资源，将教学内容以多种形式呈现给学生，促进学生高效学习。

这套力图适应新形态、新业态的教材，需要学前教育工作者在教学实践中不断发现问题、改进问题，从而日臻完善，成为学生、读者的良师益友，为我国学前教育事业的高质量发展添砖加瓦。

东北师范大学家庭教育研究院院长
国务院妇女儿童工作委员会儿童工作智库专家
教育部幼儿园园长培训中心讲座教授
中国教育学会学术委员会委员与家庭教育专业委员会副理事长

　　学前教育事业是重要的民生工程，党的二十大报告提出强化学前教育普惠发展的要求，也鲜明强调要"坚持为党育人、为国育才，全面提高人才自主培养质量"。习近平总书记指出，培养什么人、怎样培养人、为谁培养人是教育的根本问题，也是建设教育强国的核心课题。千秋伟业，人才为先。幼有善育，离不开高素质善保教的专业教师，学前教育事业的高质量发展离不开高素质人才的支撑。学前教育专业担负着培养高质量学前教育专业人才的重任。

　　2021年4月，教育部发布的《学前教育专业师范生教师职业能力标准（试行）》明确将班级管理列为学前教育专业师范生的综合育人能力之一，从源头上提升教师队伍教书育人的能力水平。2021年12月，教育部等九部门印发《"十四五"学前教育发展提升行动计划》，将全面提升保教质量列为重点任务，要求提高幼儿园师资培养培训质量，强化学前儿童发展和教育专业基础，注重培养学生观察了解儿童、支持儿童发展的实践能力。2022年2月，教育部印发《幼儿园保育教育质量评估指南》，聚焦幼儿园保育教育过程质量，规范了保育教育质量的评估内容及评估方式，其中涉及班级管理的多项内容均为评价的关键指标，对幼儿园教师的职前培养提出了更高的要求。可见，幼儿园教师的班级管理能力不仅是学前教育宏观政策的关注点，而且是提高保教质量的关键所在。本书以岗位要求为出发点，结合相关政策和文件精神，为培养优秀的学前教育专业人才而编写。本书对幼儿园班级管理的课程内容进行了优化和整合，具有以下三个特点。

　　第一，落实立德树人根本任务。本书突出德技并修，紧紧围绕立德树人根本任务融入课程思政，特别设置思政目标，同时设置任务情境、实践任务，帮助学生在真实的工作情境中学习，培养学生的幼儿意识和科学有效管理班级的能力，为其成为优秀的幼儿教师打下坚实的基础。

　　第二，重构课程教学内容模块。本书以教师在建立、组织、管理班级的过程中涉及的典型工作任务为主线，还原教师班级管理的过程。全书划分为认识与创建幼儿园班级、幼儿园班级的日常管理、家园社的沟通与合作和幼儿园不同阶段典型工作管理四个模块，共计十个项目，带领学生逐步进入班级管理的真实工作场景，便于学生架构课程内容框架并理解和学习。

第三，配套丰富课程教学资源。考虑学生的认知特点与学习方式，本书每个模块配有思维导图，设计了"学有所思""案例探索""行动研修""在线测试"等板块，帮助学生学有所悟，驱动学生在实践中学习、巩固与反思。另有配套教案、课件，方便课堂教学和自主学习。

本书由广西幼儿师范高等专科学校梁梦琳、管钰嫦策划与统稿，广西幼儿师范高等专科学校陆丽晃、陆瑶，广西科技师范学院玉丹萍协助统稿；成都外国语学院王鸿，香港教育大学儿童与家庭教育文学硕士姚诗芸，重庆市渝中区巴蜀幼儿园蒋娟，杭州云谷幼儿园杨晓静，广西工业职业技术学院石梅燕，柳州市第二职业技术学校韦文菲参与编写，并提供了丰富案例。本书为2021年度广西高校中青年教师科研基础能力提升项目"广西农村地区0～3岁早期教师胜任力要素及培养研究"（2021KY0944）、广西幼儿师范高等专科学校2023年校级教学改革专项课题"共生理论视角下'家园社合作共育'课程的产教多维互嵌式实践研究"（2023YZKTGM11）的结项成果，2023年广西幼儿师范高等专科学校"幼儿园班级管理"课程教材建设成果。

本书在编写过程中参考、引用、借鉴了国内外学者的相关研究成果，相关幼儿园教师提供了案例及图片，在此表示衷心感谢。全体编写人员虽然付出了大量努力，但难免有疏漏及不足之处，恳请广大读者批评指正，以期不断改善。

编　者

2024年5月

# 目录

序
前言

**模块一　认识与创建幼儿园班级** / 1
　项目一　幼儿园班级管理概述 / 2
　　任务一　认识幼儿园班级的基本结构 / 2
　　任务二　理解幼儿园班级管理的含义、
　　　　　　特点与功能 / 9
　项目二　班级环境创设 / 23
　　任务一　创设幼儿园班级物质环境 / 23
　　任务二　营造幼儿园班级心理环境 / 36

**模块二　幼儿园班级的日常管理** / 43
　项目一　幼儿园一日常规管理 / 45
　　任务一　理解幼儿园班级一日常规的内
　　　　　　容与要求 / 45
　　任务二　建立幼儿园班级一日常规 / 55
　项目二　班级安全管理 / 63
　　任务一　安全组织班级一日活动 / 63
　　任务二　处理意外伤害事故 / 79
　项目三　人际关系处理 / 94
　　任务一　建立幼儿教师与幼儿的关系 / 94
　　任务二　幼儿教师与同事之间的关系 / 103
　项目四　班级其他事务管理 / 111
　　任务一　班级物品管理 / 111

　　任务二　班级文案管理 / 117
　　任务三　班级信息管理 / 122

**模块三　家园社的沟通与合作** / 129
　项目一　家庭与社区教育资源开发与利用
　　　　　／ 130
　　任务一　幼儿园班级与家庭合作共育
　　　　　／ 130
　　任务二　社区资源的利用 / 136

**模块四　幼儿园不同阶段典型工作管理** / 143
　项目一　组织入园适应工作 / 144
　　任务一　理解入园适应工作 / 144
　　任务二　做好入园适应工作 / 145
　项目二　探索幼小衔接工作 / 154
　　任务一　理解幼小衔接工作 / 154
　　任务二　做好幼小衔接工作 / 155
　项目三　设计与组织大型活动 / 161
　　任务一　幼儿园大型活动概述 / 161
　　任务二　设计与组织幼儿园大型活动 / 163

**参考文献** / 173

# 模块一
# 认识与创建幼儿园班级

## 模块情境

李梅是一名刚刚毕业的幼儿园实习教师，充满热情和活力。在实习期间，李梅被分配到一个中班。她知道，作为教师，班级管理是非常重要的一环，这不仅关乎孩子们的学习环境，而且影响他们的身心发展。刚开始，孩子们并不服从李梅的管理，他们在课堂上吵闹，在游戏时任性妄为。李梅意识到，要想管理好这个班级，首先要了解每一个孩子，了解他们的性格、习惯和需求。于是，她开始花更多的时间和孩子们在一起，和他们聊天、玩游戏、唱歌跳舞。

李梅的带教老师看到她的改变，对她说："一个幼儿园班级的管理，除了了解孩子，还有其他事项吗？"李梅陷入了沉思……

## 项目知识框架

- 认识与创建幼儿园班级
  - 幼儿园班级管理概述
    - 认识幼儿园班级的基本结构
      - 人员结构
      - 组织结构
      - 物质设施
      - 保教任务
    - 理解幼儿园班级管理的含义、特点与功能
      - 幼儿园班级管理的含义
      - 幼儿园班级管理的特点
      - 幼儿园班级管理的功能
  - 班级环境创设
    - 创设幼儿园班级物质环境
      - 幼儿园班级物质环境概述
      - 幼儿园班级物质环境的创设与管理
    - 营造幼儿园班级心理环境
      - 幼儿园班级心理环境的概念
      - 幼儿园班级心理环境创设和管理的意义
      - 幼儿园班级心理环境创设和管理的措施

幼儿园班级管理

# 项目一　幼儿园班级管理概述

## 内容导读

幼儿园班级管理是幼儿园工作中最主要的部分，与教师密不可分，是其进行一切工作的基础。本项目主要包括幼儿园班级的基本结构和幼儿园班级管理的含义、特点与功能。学生需要明确幼儿园班级管理的含义、特点与功能，掌握幼儿园班级的基本结构及其组织形式，能利用所学理论知识分析幼儿园班级管理的典型案例，达到学以致用的目的。

## 任务一　认识幼儿园班级的基本结构

### 学习目标

认知目标：了解幼儿园班级的基本结构。
技能目标：掌握幼儿园班级组织结构的三种基本形式。
情感目标：初步形成对幼儿园班级管理的科学观念。
思政目标：在幼儿园班级基本结构的学习中，培养科学的教育教学观念。

### 基础知识

班级既是幼儿的另一个"家"，又是展示幼儿园教师育人水平的舞台，班级有自身的结构要素和运行规律。幼儿园班级是对3～6岁幼儿进行保教活动的基本单位，其基本结构主要包括人员结构、组织结构、物质设施和保教任务四个方面。

### 一、人员结构

#### （一）保教人员

我国的《幼儿园工作规程》（以下简称《规程》）和《幼儿园管理条例》（以下简称《条例》）指出，教师和保育员是幼儿园班级管理的主要承担者，他们肩负着对幼儿进行教育和保育的双重任务，在幼儿的健康发展中起着核心作用。

保教人员在幼儿园完成各项保教任务中起着关键作用。保教人员的数量、素质等直接影响幼儿园保教目标的达成度。伴随时代的发展，保教人员呈现出年轻化、专业化的趋势。

我国幼儿园保教人员配备规定：主、配班教师，全日制幼儿园和寄宿制幼儿园平均每班2～2.5人；保育老师，全日制幼儿园平均每班0.8～1人，寄宿制幼儿园平均每班2～2.2人。一般幼儿园每个班级按"两教一保"配备保教老师，全托班级一般按"两教两保"配备。但因农村的经济发展水平有限，不少农村地区幼儿园只有"一教一保"或"两教"，有的甚至只有一名教师。幼儿园保教人员的作用和工作职责各不相同，他们既有明确分工又要团结协作。从职责角度来说，《规程》第四十一条规定："幼儿园教师对本班工作全面负责，其主要职责如下：（一）观察了解幼儿，依据国家有关规定，结合本班幼儿的发展水平和兴趣需要，制订和执行教育工作计划，合理安排幼儿一日生活；（二）创设良好的教育环境，合理组织教育内容，提供丰富的玩具和游戏材料，开展适宜的教育活动；（三）严格执行幼儿园安全、卫生保健制度，指导并配合保育员管理本班幼儿生活，做好卫生保健工作；（四）与家长保持经常联系，了解幼儿家庭的教育环境，商讨符合幼儿特点的教育措施，相互配合共同完成教育任务；（五）参加业务学习和保育教育研究活动；（六）定期总结评估保教工作实效，接受园长的指导和检查。"（图1-1-1）

图1-1-1　保教人员开展教育活动

图1-1-2　幼儿在幼儿园进行教育活动

### （二）幼儿

幼儿是幼儿园教育的对象，是班级的主体（图1-1-2）。幼儿分班涉及班级人数、性别比例和幼儿背景等问题。目前我国一般是按幼儿年龄进行分班，3周岁至4周岁幼儿编为小班，4周岁至5周岁幼儿编为中班，5周岁至6周岁幼儿编为大班，有些地方还有综合（混合）班，我国现在已经明确指出幼儿园和小学不得设立学前班。《规程》第十一条明确规定："幼儿园规模应当有利于幼儿身心健康，便于管理，一般不超过360人。"幼儿园每班幼儿人数一般是：小班25人，中班30人，大班35人，混合班30人，寄宿制幼儿园每班幼儿人数酌减。

关于幼儿园教育中的幼儿主体，《幼儿园教育指导纲要（试行）》（以下简称《纲要》）明确指出："幼儿园教育应尊重幼儿的人格和权利，尊重幼儿身心发展的规律和学习特点，以游戏为基本活动，保教并重，关注个别差异，促进每个幼儿富有个性的发展。"幼儿园的保教人员要明确幼儿既是被管理者，又是班级管理的参与者，应尊重其主体地位，关注每名幼儿的个体差异，促进幼儿全面发展。

知识卡片

《儿童权利公约》

公约将"儿童"界定为"18岁以下的任何人"。公约强调,各国应确保其管辖范围内的每一儿童均享受公约所载的权利,不因儿童或其父母或法定监护人的种族、肤色、性别、语言、宗教、政治或其他见解、国籍或社会出身、财产、伤残、出生或其他身份等而有任何差别。

公约的前41条主要强调,每一个儿童的人权必须被重视和保护,而且这些权利必须依据公约的指导原则去实践;第42~45条阐述了政府的义务,如推广公约的原则、公约的实行、通过政府监督发展儿童权利等,使大众都能了解政府各机关之职责;第46~54条指明公约经由政府签署及批准的过程和指定联合国秘书长为该公约的保管人。

公约做了如下规定:

1. 法庭、福利机构或行政当局在处理儿童问题时,应将儿童的最大利益作为首要考虑事项(第3条)。

2. 缔约国确认每个儿童有固有的生命权。缔约国应最大限度地确保儿童的存活与发展(第6条)。

3. 儿童出生后应立即登记,并有自出生起获得姓名的权利,有获得国籍的权利,以及尽可能知道谁是其父母并受其父母照料的权利(第7条)。

4. 缔约国承担尊重儿童维护其身份包括法律所承认的国籍、姓名及家庭关系而不受非法干扰的权利(第8条)。

5. 缔约国应尊重儿童及其父母离开包括其本国在内的任何国家和进入其本国的权利(第10条)。

6. 缔约国应采取措施制止非法将儿童移转国外和不使返回本国的行为(第11条)。

7. 缔约国应确保有主见能力的儿童有权对影响到其本人的一切事项自由发表自己的意见,对儿童的意见应按照其年龄和成熟程度给予适当的看待(第12条)。

8. 儿童享有自由发表言论的权利,思想、信仰和宗教自由的权利,结社自由及和平集会自由的权利(第13~15条)。

9. 儿童的隐私、家庭、住宅或通信不受任意或非法干涉(第16条)。

10. 父母对儿童成长负有首要责任,但缔约国应向他们提供适当协助和发展育儿所(第18条)。

(资料来源:https://www.un.org/zh/documents/treaty/A-RES-44-25,有改动。)

### (三)家长

《规程》第四十一条明确指出幼儿园教师要"与家长保持经常联系,了解幼儿家庭的教育环境,商讨符合幼儿特点的教育措施,相互配合共同完成教育任务"。《纲要》也明确指出:"家庭是幼儿园重要的合作伙伴。应本着尊重、平等、合作的原则,争取家长的理解、支持和主动参与,并积极支持、帮助家长提高教育能力。"所以,幼儿园教育不仅仅是教师的责任,要建设好一个良好的幼儿班集体,家长的积极参与和支持也是相当重要的。

一方面,保教人员要与家长保持联系,经常与家长沟通交流幼儿在园情况,并掌握了解幼儿在家的情况;另一方面,家长要加强学习,与时俱进,掌握先进的幼儿教育理念,让家庭教育与幼儿园教育相结合,形成全方位的幼儿教育体系。

## 二、组织结构

幼儿园班级是一个正规组织,该组织的目的是对幼儿施加系统的影响,而这种影响主要通过教育活动来实现。教育活动以全班集体、固定小组、自选小组、个别活动和自由活动为基本形式,其对应的组织形式分别是班集体、小组和个体。

### (一)班集体

班集体是幼儿园班级最基本的组织形式,开展班集体活动是幼儿园教育的主要方式之一。对于可以统一教授的内容,可通过班集体活动对幼儿进行集中教育,这样既提高了工作效率,又减轻了教师的工作负担。但教师不能为了省时省力而对所有的活动采用集体教育,必须充分尊重幼儿的个体差异和身心发展特点,对于不适合进行集体教育的活动还需采取其他的教育形式。

另外,班集体具有较大影响力。教师可以充分利用集体的力量引导和教育幼儿,通过集体活动对幼儿施加影响(图1-1-3)。一个班集体的幼儿长期在一起学习、生活、玩耍,教师的教育理念会在无形之中影响幼儿,并且在教师的引导之下,班集体内部还会形成一些约定俗成的"规则"。教师可以通过树立良好班风来影响幼儿,还可以在幼儿当中树立榜样与典型,有形地影响幼儿。

图1-1-3　幼儿园班集体活动

### (二)小组

班级的基层组织形式是小组,小组又可分为固定小组和随机组合小组两种具体形式。固定小组是小班和中班幼儿主要的生活、学习和游戏单位,是幼儿最为熟悉的集体。教师还可以根据活动目的、内容和情景的不同划分指定小组和自选小组。在小组中,幼儿有较多的互动机会,更易于合作以及对活动目的达成共识。教师可以根据幼儿的情况及教育需要将班级划分为若干个小组,并将教育活动落实到每个小组当中。

### (三)个体

个体是指班级内的每个成员,既包括教师也包括幼儿,它是班集体的最基本单位。

个体对小组和班集体都具有重要的影响，因此，班级管理也是对班级中个体的管理。一方面，教师要发挥幼儿的主体性、独立性，给幼儿提供宽松、自由的活动环境；另一方面，教师要帮助幼儿个体适应集体，成为集体中的一员。

### 三、物质设施

#### （一）空间

幼儿园班级的空间包括房舍和场地条件。它直接影响幼儿活动的充分度和活动质量。

**1. 房舍（室内）**

主要是班级活动室，它是班级幼儿学习和活动的主要场所，要求空气流通、光线充足，陈设整齐舒适，有足够面积（人均不低于2平方米，总面积不低于50平方米），还要有廊道、贮藏室、独立寝室、独立餐厅等（图1-1-4）。

**2. 场地（室外）**

主要是相对固定的室外活动空间和户外活动场地。室外环境绿化面积应不低于15%，包含种植园地和动物角等。

图1-1-4　幼儿园教室环境

#### （二）设施

幼儿园班级的设施包括桌椅、玩具架、盥洗卫生用品，以及必要的教具、玩具、图书和乐器等。其中图书至少人均1~2本，有流动水可供盥洗，做到一人一巾一杯。

### 四、保教任务

幼儿园班级的任务是实行保育和教育相结合的原则，对幼儿实施体、智、德、美、劳全面发展的教育，促进其身心和谐发展。

#### （一）保育

现代幼儿保育包括身体、心理和社会三个维度。身体保健上，要注重幼儿的疾病防治，加强营养和锻炼，做好安全护理，促进幼儿身体健康成长；心理保健上，注重情感保育，培养幼儿良好的情绪和个性，促进幼儿心理健康水平的提高；社会保健上，改善幼儿的生活环境，培养他们探索环境和适应社会的能力，增进幼儿友好的人际关系。

#### （二）教育

教师不仅要教授幼儿基础知识和基本技能，还要注重非智力因素的培养，注重开发幼儿潜力，注重幼儿的认知、情感和社会性教育，真正促进幼儿身体、心理、社会性的健康和谐发展。

## 案例探索

清华大学洁华幼儿园是一所大型体改园，目前一园两址，本部园收托幼儿近千名，设置33个教学班，教职员工170余名。园所实行园级、中层、班级三级管理制度，园级管理成员为1正3副4名园长；中层管理成员有7名专职主任，包括年级主任、教研主任、保健主任和培训主任；班级管理成员为33名班主任老师，班级教师配置"两教一保"，即1名主班老师（班主任）、1名副班老师和1名配班老师（保育师）。每年6月的一项重要工作就是对33个班的教师进行聘岗分班，程序如下。

1. 自愿申请

发放应聘申请表，可填写第一志愿与第二志愿，表达自己新学年对所在年级与岗位的期待，还可以附上自己的特殊要求，例如是否继续带本班幼儿、是否对搭班教师有需求、是否身体不适需要照顾、是否有进修计划、是否有生育规划等。应聘表还有是否服从调剂的选项以及大约200字的岗位承诺。

2. 初拟方案

业务副园长采取以第一志愿为主、第二志愿为辅的方式初拟分班方案，尽量尊重教师的第一志愿。鉴于班主任在班级管理中的重要性，优先考虑班主任的第一志愿。

3. 集体评估

园领导和中层管理人员讨论分班初稿，集体商议"两教一保"搭班的胜任力，形成分班方案二稿。对班级教师配置胜任力的集体评议主要涉及两方面的内容：一是教师促进幼儿发展的绩效评估，主要涉及教师最近一两年来的出勤率、卫生保健、保教结合、园本教研、课程建构、家园共育等方面的工作分析；二是教师专业理念与师德行为评估，以此评估教师的岗位适配程度，主要涉及教师的工作态度、性格特点、师幼关系、同事关系、服务家长、经验积累、带班风格等方面的人格特征分析。集体评议的目的是促进班级教师合理配置，不但实现教师与岗位之间的能力适配，而且实现教师与教师之间的性格适配。

4. 听取反馈

分班方案二稿出台之后，预留3天左右的时间供教师思考或者表达异议。在这一环节，年级主任一方面收集教师的反馈信息，另一方面与老师解释与沟通方案的集体决策原因。由于分班过程整合了各方面的意见与因素，变动一个人的岗位就有可能牵动多个班级的岗位变化，会影响"全园一盘棋"的班级教师配置格局，所以对此比较了解的年级主任需要发挥调节个人诉求与组织目标之间关系的作用，对教师的需求进行大局意识和岗位职责的引导。如果年级主任对教师的诉求调节无力，则上会再次集体讨论。

5. 集体决议

园领导和中层管理人员从人文关怀和组织规划两个角度，再次集中评议教师个人需求的合理性与现实性，形成方案终稿。

### 6. 公布与交接

公布教师分班方案，教师可以开始做本学期末的收尾工作以及新学期的班级交接工作，包括幼儿发展状况交流、班级家长工作沟通和班务管理工作等。

【分析】对于一个大型园所而言，不但组织事务繁多，而且组织成员数量大、结构复杂，决策过程中需要考虑的因素比较多，那么决策层的价值取向与管理风格就主导了人力资源管理过程的方向与特征。本案例体现如下价值取向：

第一，为了幼儿发展。本案例尊重教师的个人志愿，注重教师的能力适配与性格适配，都反映了幼儿发展取向。例如：有的教师擅长集体教学活动，但是环境创设能力偏弱，那么就尽量配置一名擅长环境创设的教师，为这个班级的教育教学和区域游戏有效开展提供支持；有的教师比较理性与内向，那么就尽量配置一名相对感性与外向的教师，为幼儿及其家长创设一个既有序又包容的班级氛围。

第二，体现教育公平。教育公平是教育的终极价值取向，班级教师配置均衡是幼儿园应该为幼儿提供的基本教育公平保障。其实，教育公平也是解决"家长择班"现象的基本方略。因为"择班"现象是教师专业发展不均衡、优质教师资源不足的反映，幼儿园要通过传帮带、师徒制、新老教师搭配等配置方式，合理利用骨干教师与经验丰富教师的人力资源，帮扶年轻教师成长，在全园打造师资配置相对均衡的班级。

第三，促进教师专业发展。本案例在完善班级教师配置的过程中，教师与教师之间是双向选择，教师与组织之间也进行多次沟通与互动，组织对个人的需求既尊重又引导，尽可能地协调个人诉求与组织布局之间的关系。这种以人为本的取向可以有效促进个人与组织共同成长。

 知识卡片

促进幼儿发展是幼儿园组织的基本价值取向。幼儿的身心发展是全方位的，除了身体的健康发育，还包括认知、能力的发展以及态度、情感、性格的形成，所以班级教师配置要为此创造完备的教育环境。除了物质环境以外，由人员素质与人际关系塑造的精神环境也是至关重要的。教师不但要熟练掌握一日工作流程，践行"一日生活皆教育"的课程观，而且"两教一保"之间要相互尊重、团结合作，为幼儿营造健康的精神氛围。

教师的专业发展水平存在个体差异，这是任何一所幼儿园都需要面对的现实问题，班级师资水平相对均衡便成为教师人力资源管理的一个重要价值取向，其中老教师与新教师在全园搭配均衡是幼儿园体现公平取向的常规做法。有时可能会出现班级家长联合签名申请选择教师的现象，幼儿园需要在家长诉求、教师意愿和组织发展规划等一系列因素中权衡利弊，进行决策。

教师可以在申请聘岗时将自己的专业发展规划、学业规划、人生规划与健康管理纳入考虑。例如学历进修或者怀孕产假都有可能会占用工作时间，那么幼儿园就要考虑另外两名班级教师需要全勤保障，这样既关照了教师的个人成长，又关注了幼儿的发展需求。

## 任务二　理解幼儿园班级管理的含义、特点与功能

### 学习目标

认知目标：理解幼儿园班级管理的含义及其特殊性，掌握幼儿园班级管理的基本特点和功能。

技能目标：能够根据幼儿的年龄特点和发展需求，制定合理的班级管理方案，并有效地组织和协调班级内的各项活动。

情感目标：树立正确的教育观念，注重幼儿生命质量的提升和全面发展。

思政目标：强化教师的职业道德和社会责任感，关注幼儿的社会性发展和情感教育。

### 基础知识

#### 一、幼儿园班级管理的含义

（一）班级的含义

班级是社会的组成部分之一，具有其他社会群体的共性。从社会群体维度来看，班级是按照一定原则，由不同个体所构成的社会群体。从社会关系维度来看，班级是由师生、同伴等社会关系构成的。而回归到教育语境中，教育是有目的、有计划、有组织地促进受教育者身心发展的活动。因此，教育重点关注的是作为个体存在以及群体存在的受教育者。综上所述，班级是由教育者和受教育者构成的社会群体，其特殊性在于组成成员是教育者与受教育者，其目的在于促进受教育者的发展，其交互方式是教育者与受教育者的相互作用。

（二）幼儿园班级的含义

幼儿园班级是班级的下位概念。幼儿园班级与中小学班级相比，迥异之处在于班级组成人员的特殊性。幼儿园是对3周岁以上的学龄前幼儿实施保育和教育的机构，是基础教育的有机组成部分，是学校教育的预备阶段，但不属于国家规定的义务教育阶段。我国一般将3～6岁的幼儿作为幼儿园的教育对象。由于幼儿园班级组成人员的特殊性，幼儿园班级与中小学班级的主要矛盾和任务有所不同。相比于中小学以教育作为主要任务，幼儿园班级主要对适龄幼儿进行保教。

 知识卡片

托幼机构招生主要有两种模式：第一种是以中国、日本等为代表，托儿所招收0～3岁幼儿，幼儿园招收3～6岁幼儿；第二种是以美国、德国、英国等为代表，日托中心或者保育学校招收5岁以下幼儿，5岁及以上幼儿进入幼儿园。托幼机构的编班形式分为按年龄编班和混龄编班两种，目前我国的幼儿园多数采用按年龄编班的形式，即按照年龄将幼儿分为小班、中班、大班。

### （三）管理的含义

不同学者从不同的价值视域出发对管理进行个性化的含义界定，从而导致关于管理的定义莫衷一是。当代著名管理学者斯蒂芬·P.罗宾斯（Stephen P. Robbins）认为管理是指通过与其他人共同努力，把工作既有效率又有效果地做好的过程。亨利·法约尔（Henri Fayol）认为管理既不是一种独有的特权，也不是企业经理或者企业领导人的个人责任，它同别的基本职能一样，是一种分配于领导人与整个组织成员之间的职能，是实施计划、组织、指挥、协调和控制的过程。小詹姆斯·H.唐纳利（James H. Donnelly Jr.）认为管理是一个或者更多的人来协调他人的活动，以便达到个人单独活动所不能及的效果。丹尼尔·A.雷恩（Daniel A. Wren）认为管理是发挥某些职能，以便有效地获取和分配人的努力和物质资源，进而实现某个既定目标。H.孔茨（H. Koontz）认为管理是通过别人完成任务、消除障碍，以个人和合作的方式有效率地完成组织目标的过程。综合各种管理定义，本书认为，管理是为实现组织目标而计划、组织、指挥、协调组织各项要素和资源的过程。

### （四）幼儿园班级管理的含义

幼儿园班级管理作为一种管理活动，与其他管理活动相比的差异之处在于组织目标、管理内容和资源组合的不同，也就是其计划、组织、指挥、协调的具体要素和预期目标存在差异。在管理目标的效率和效益维度，幼儿园班级管理与其他管理活动相比的本质区别在于"成人"与"成事"。叶澜提出"中国教育最大的病根，是以'成事'代替了'成人'，在学校里随处可见教师为事务而操劳，关注学生考分、评分、获奖等显性成果，忽视、淡漠的恰恰是学生和教师在学校中的生存状态与生命质量的提升"。幼儿园班级管理的目标是"成人"而非"成事"，"成事"服务于"成人"，而"成人"即幼儿生命质量的提升。因此，幼儿园班级管理是为提升幼儿生命质量而计划、组织、指挥、协调各种要素和资源的过程。

 知识卡片

夸美纽斯，捷克伟大的民主主义教育家，西方近代教育理论的奠基者，被誉为"教育学之父"。其重要贡献是从理论上详细阐述了班级授课制以及相关的学年制、学日制，考查、考试制度。虽然早在欧洲的一些学校的教学实践中，已经出现了分班、分级教学制度，并且按年、月、周规定教学进度，但是，夸美纽斯是对班级授课制等作系统理论阐述的第一人。他以太阳的"光亮和温暖给予万物"而"不单独对付任何单个事物、动物或树木"为依据，论证了班级授课制的必要性和可行性。他认为班级授课制是对教师产生激励作用，提高教学效率的有力手段。他指出班级授课制的具体方法是：根据儿童的年龄特点和知识水平，将儿童分成不同的班级；每个班级拥有一个专用教室；每个班级有一名老师，面向全班所有学生进行教学。他主张在一般情况下，各年级都应该在每年的秋季开始和结束学年课程，其他时间不应该接收任何儿童入学，以保证全班的学习进度一致，都能在学年底结束相同课程的学习，经考试升入更高年级。每日上课时间为4小时，在每学习1小时后休息半小时；每年有4次较长的休假日，每次休息8日。关于考查和考试制度，他提出建立学时考查、学日考查、学周考查、学季考试和学年考试。其中学年考试是最重要的考试，通常在学年结束时举行，通过抽签进行口试，合格者均可升级，不合格者必须重修或勒令退学。

## 二、幼儿园班级管理的特点

幼儿园的班级管理不仅要承担教育任务，更要担负起促进幼儿身心健康发展的任务。班级管理者是教师，被管理者是幼儿，家长是班级管理的协助与合作者。幼儿园班级管理有着独特的基本特点。

### （一）保教性

保教并重是幼儿园教育特殊性的具体表现，亦是幼儿园教育的基本原则。《规程》提出："幼儿园是对3周岁以上学龄前幼儿实施保育和教育的机构。"同中小学重视学生知识技能的发展相比，幼儿园必须将幼儿身心健康发展、自理能力培养、生活卫生习惯养成作为与教育同等重要的任务，这是由幼儿的身心发展特点决定的。幼儿正处于身体发展的关键期，只有身体获得适宜的发展，幼儿才能参加正常的幼儿园教育活动。为此，保教并重毋庸置疑是幼儿园中必须予以贯彻和遵守的首要原则。幼儿园班级作为保教活动开展的基本单位，要在一日生活中贯彻保教原则，将对幼儿的身体看护和照顾与对幼儿的智能教育相结合，实现保教并重，不陷入"重保轻教"或者"重教轻保"的窘境。

### （二）游戏性

关于幼儿游戏主要有两个命题，即游戏是幼儿的基本活动和幼儿以游戏为基本活动。《3～6岁儿童学习与发展指南》（以下简称《指南》）指出，"幼儿的学习是以直接经验为基础，在游戏和日常生活中进行的。要珍视游戏和生活的独特价值"。《规程》明确提出："以游戏为基本活动，寓教育于各项活动之中。"《纲要》亦对游戏作为幼儿园的基本活动进行了确认，提出"幼儿园教育应尊重幼儿的人格和权利，尊重幼儿身心发展的规律和学习特点,以游戏为基本活动"。这就要求幼儿园班级在制订课程目标、课程计划,创设班级环境,确定课程内容的组织形式、教学模式等方面映射和体现游戏精神,为幼儿游戏活动的开展提供适宜的物理空间和心理环境。如课程计划要体现和满足游戏为基本活动,幼儿的游戏活动应该成为在满足进食、睡眠等基本生存需要活动之外的主要活动。班级的游戏性不仅体现在幼儿园活动形式上,还体现在幼儿园活动的实质与游戏精神的契合上,能够让幼儿在自主、独立且具有创造性的氛围中游戏(图1-1-5)。

图1-1-5 幼儿在自主游戏

### (三)启蒙性

启蒙的实质意义是照亮人之为人的意义,隐藏的含义是祛除对人的错误认知,接受和践行关于人的正确的理念。作为启蒙教育重要组成部分的学前教育,亦有人之为人的启蒙的意蕴,摒弃人的动物本性,开启人的社会本性,而人的社会性的启蒙包括人作为理性之人、情感之人、文明之人等全方位的启蒙。

家庭教育是人最早接受的非正规形式的启蒙教育,而幼儿园则是个体接受正规公共教育的起点,它担负着启蒙幼儿个体德智体美劳全面发展的重要任务。毋庸置疑,幼儿园班级作为幼儿园保教活动的承载体,具有启蒙性。其一,与中小学班级相比,幼儿园班级为开启幼儿应具备的关键能力提供有意义的经验,其不要求幼儿此刻表现出和获得完善的能力,而是保证幼儿的身体健康,从而能够为其他能力的获得提供基础;中小学的课程标准则对学生应实现的基本目标进行了详细的规定。其二,与家庭教育相比,幼儿园的启蒙教育是在教育学、心理学等科学理论的基础上,根据幼儿身心发展规律所制订的有目的、有计划的教育活动;家庭的启蒙教育则是发生在家庭生活中,没有目的明确、计划周详的教育计划和教育活动。

### (四)社会性

苏联教育家马卡连柯(Anton Makarenko)认为集体需要体现社会需要和教育目的的"要求",作为社会组成部分的班级必然受制于宏观社会的发展状况及其要求的制约。班级的社会性取决于班级中人的社会性以及教育的社会性。一方面,组成班级的教师和学生是社会性的存在。马克思、恩格斯提出社会性是人的本性,"人天生就是社会的生物"。可见,教师和学生不是孤立的、单独的、个体的存在,而是群体的、关系的、社会的存在。这就决定了受教育者以班级为组织形式接受教育的过程不仅仅关系到个体的生存和发展,还决定了教育过程关联的社会群体的发展,需要考量和关注社会发展的需求。另一方面,班级的社会性由教育的社会性所决定。教育作为人类社会大系统的构成部分,必然具有公共特性。它在社会系统运作中发挥着必不可少的重要作用,担负着为社会生产发展培养输送人才的重任。而班级作为教育体系中的微型单位,其组织运营的目的、过程、内容和结果必然以教育目的为轴心，教育的目的、内容、规律决定了班级发展的目标、过程和组织方式。因此，教育的社会性决定了以其为本源的班级的社会性。

### （五）生命性

以叶澜为代表的"生命·实践"教育学派认为，"人的生命是教育的基石，生命是教育学思考的原点。在一定意义上，教育是直面人的生命、通过人的生命、为了人的生命质量的提高而进行的社会活动"。班级的生命性是其区别于其他社会群体的本质之处。班级存在的基点和归宿在于发展人的生命，为人的生命的自我更新和发展创造舞台。为此，班级应该基于学生的生命、通过学生的生命和为了学生的生命。首先，班级应强化学生的"生命自觉"意识。学生在班级中并不能因其处于尚未成熟的发展状态而成为有待被安排和处置的个体，而是应该点燃内在的生命欲望，教师智慧的引导能够成为学生内在生命发展和成长的契机，使学生达到"弘毅进取"的生命自觉的状态。其次，生命关系是班级关系的存在状态。班级内的生生关系或师生关系的理想状态是马丁·布伯（Martin Buber）提出的"我与你"的关系状态，任何一方都不是他者的工具。在班级中，虽然教师是俯首让学生得以实现生命发展的"孺子牛"，但这并非推却教师生命本性的理由和借口。唯有教师作为生命主体的本性得以尊重和弘扬，学生的生命发展才得以实现。因此，班级的主体（教师和学生）是在生命关系中实现了自我的生命自觉与生命发展。

### （六）教育性

班级的教育性体现在班级存在的目的、过程和结果之中。首先，班级产生的源头在于促进学生提高、发展。班级授课制源于文艺复兴之后，教育大众化的发展趋势致使受教育者的教育需求增加。夸美纽斯理论阐述班级授课制"将不是吃力的，而是非常轻松的。课堂教学每天只有四小时，一个先生可以同时教几百个学生，而所受的辛苦比现在教一个学生少十倍"。如此，"学生在集体中受教可以相互激励，便于提高教学效果"。由此可见，班级授课制可以扩大教育范围，提高教育效率。其次，班级实践的过程是教师和学生在交互活动中实现学生身心全面发展的过程。所谓教育性实践，是指基于教育的立场与视角，学生在教师的指导下，通过体验、操作、观察、实验、调查、合作、探究等方式，综合运用知识去解决问题，以提升创新精神与实践能力，促进全面发展的实践活动（图1-1-6）。最后，班级发展的终点在于学生知情意行的全面发展，阻碍和背离这一目标实现的班级必然需要不断地变革自身的存在形态和发展方式。

图1-1-6 幼儿园教师进行教育活动

### （七）系统性

L. I. 诺维科娃（L. I. Novikova）指出"班级的组织模式应该在横向关系和纵向关系上趋于系统化，作为一个系统的班级，不仅体现在小组集体的建设，而且体现在小组之

间的联系和作用以及由此形成的集体效应"。班级之所以可以作为一个组织，是因为具有一定的结构和形式，班级内的各种要素联结成为有机整体。一方面，在单个班级之中，构成班级的职权结构、角色结构和信息沟通结构将班级内的各种要素组织起来以促进班级功能的发挥。班主任、班长、其他班级管理者和学生在班级中扮演不同的角色，拥有相应的权利与义务，在纵向和横向交互的信息传递与沟通过程中推动班级的运转。另一方面，多个班级之间亦相互联系，从而推动学校系统的运转。各个班级之间以显性的年龄结构、隐性的能力结构和知识结构相互联系，有机运转。在学校系统中，各个班级均扮演不同的角色，承担差异化的职责，享受相应的权利。

### （八）渐成性

渐成性是指幼儿园班集体是从幼儿进入幼儿园并被编班以后，在日常教育活动和生活活动中逐渐形成的，而不是瞬间形成的。幼儿园班级由教师、幼儿、家长，及其保教目标、任务等要素构成，这些要素需要经过一定时间的融合与磨合，逐渐形成比较稳定的且有一定风格的组织集体。幼儿园班级是幼儿进行集体活动的主要场所，在这个小集体中，他们一起成长、一起学习、一起交流。一个优秀的班集体会影响幼儿的成长，影响他们今后的学习和人际交往。然而，初入幼儿园的幼儿第一次比较长时间地离开家长，突然到由许多幼儿组成的群体中生活，一般来说都是不适应的。教师要有耐心和爱心，逐步帮助初入园的幼儿顺利通过入园关，引导幼儿尽快适应幼儿园环境，促使幼儿早日产生对班集体的归属感，形成班集体意识。幼儿在班集体中和教师与小伙伴逐渐相处相知，随着时间的推移就会建立起密切的关系，逐步适应并慢慢融入班集体，渐渐地幼儿就知道自己是班集体中的一员了。

### （九）权威性

权威性是指具有使人信服的力量和威望。幼儿园班级的权威性就是指教师要在班级幼儿心中树立起个人威望，让全体幼儿相信你、尊敬你、崇拜你。这样，班级教育活动才好组织并开展，班级幼儿才好管理，班级才会有凝聚力。

 知识卡片

#### 教师应该如何树立威信

1. 应做到为人师表，在班级中起表率作用

3岁幼儿上幼儿园之后，教师逐渐成为幼儿心目中的权威，幼儿原先心中父母的权威逐渐被教师所替代。教师的言行举止都是幼儿模仿学习的榜样，对幼儿的身心发展产生重要影响。因此，教师要注意自己言行举止的表率作用。

2. 要有强烈的事业心和责任心

教师要真诚、无私地关心爱护幼儿、尊重幼儿，以真挚的感情教育和引导幼儿，真正成为幼儿健康成长的引路人。

3. 要有正确的工作态度和对幼儿深厚的感情

态度与感情是密切联系在一起的，端正态度是产生感情的前提和基础，深厚

的感情是态度端正的具体体现。教师工作态度的核心是对幼儿的态度,要做到和幼儿平等地交流与互动,能客观公正地对待每名幼儿。这样的教师才会有人格魅力,才会有权威。

4. 要有过硬的文化素养和专业技能

教师只有具备了丰富的文化知识和过硬的专业技术,工作起来才能得心应手,教育活动和生活活动的内容、方法、手段、形式等才会灵活多变,才能充分调动幼儿参与各种活动的兴趣,教师在幼儿心中的地位和威望也就会越来越高。

### (十)单层性

单层性是指幼儿园班级管理只有单一层级。这种管理不存在更为复杂的多层级,只有单一的教师对幼儿的管理,没有下层管理。单层管理的特点是管理幅度(指一个管理者能够直接而有效地领导或管理的人数)比较大,而管理层级(指一个组织管理单位中按垂直隶属关系划分的等级或层级)只有一层,可以有效明确管理者和被管理者的责、权、利的关系,可以减少管理实践中的矛盾与冲突。幼儿园班级管理具有明显的单层性,可以大大提高管理效率,但是也给管理质量提出了更高的要求。一名合格的幼儿园教师必须做到:客观、公正、正确地评价、欣赏每名幼儿;尊重幼儿的人格和权利;树立正确的教育评价观,改变横向比较的方法;以发展的眼光看待每名幼儿,充分肯定每名幼儿的长处;以宽广的胸襟欣赏、接纳幼儿。

### (十一)规律性

规律是客观存在的,不以人的意志为转移,但人们能够通过实践认识和利用它。幼儿园班级管理的规律性是指教师根据幼儿生理、心理发展规律有序地开展班级管理各项工作。《纲要》明确指出:"幼儿园教育应尊重幼儿的人格和权利,尊重幼儿身心发展的规律和学习特点,以游戏为基本活动,保教并重,关注个别差异,促进每个幼儿富有个性的发展。"幼儿园必须按照幼儿生理、心理发展的规律进行教育和管理,确保幼儿健康快乐成长。

幼儿神经系统正处于快速发育期,大脑皮质还没有发育成熟,兴奋与抑制持续时间不长,既容易兴奋又容易疲劳,注意力不集中、不持久。教师应根据幼儿的特点合理安排好一日教育活动,让幼儿的兴奋过程与抑制过程按规律交替,相互协调。例如:教师的教学组织应考虑从易到难、循序渐进,逐渐增加活动量;教育活动内容的难度与强度应适中,有利于幼儿集中注意力,提高活动效率。考虑到幼儿神经系统活动的规律,教师应将一日集中教育活动安排在上午9—10时,因为这段时间幼儿头脑最清醒、精力最旺盛,而集体教学活动时间不宜太久。一般安排小班每天一次集体教学活动,一次10~15分钟;中班每天两次集体教学活动,每次20~25分钟;大班每天两次集体教学活动,每次25~30分钟。《规程》第十八条指出:"幼儿园应当制定合理的幼儿一日生活作息制度。正餐间隔时间为3.5~4小时。在正常情况下,幼儿户外活动时间(包

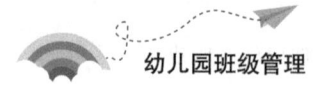

括户外体育活动时间）每天不得少于2小时，寄宿制幼儿园不得少于3小时；高寒、高温地区可酌情增减。"因此，教师要制订好符合幼儿实际的一日生活，对幼儿每天的吃、睡、活动等项目的时间和顺序要进行合理安排并相对固定，从而培养幼儿良好的生活习惯。

### 三、幼儿园班级管理的功能

#### （一）生活功能

幼儿在幼儿园的一日生活包括入园、进餐、睡眠、盥洗、如厕、离园、晨间接待、晨午晚间检查、教育活动、过渡活动、户外活动、自由活动等，这些都要有序、合理安排，做到有规律、有节奏、劳逸结合。《规程》第二十六条规定："幼儿一日活动的组织应当动静交替，注重幼儿的直接感知、实际操作和亲身体验，保证幼儿愉快的、有益的自由活动。"第二十七条又指出："幼儿园日常生活组织，应当从实际出发，建立必要、合理的常规，坚持一贯性和灵活性相结合，培养幼儿的良好习惯和初步的生活自理能力。"为此，在安排幼儿一日生活时，要坚持以下原则。

1. 合理安排

合理安排幼儿的一日生活，可以保证幼儿在有限时间内学习和掌握对他们今后发展有意义的常识，有利于幼儿德智体美劳全面发展。

2. 以人为本

幼儿园的工作是为了让全体幼儿得到全面发展，既要考虑全体幼儿，又要关注幼儿个体差异，努力做到使全体幼儿能够有条不紊地进行生活活动，以及达到每名幼儿都能顺利参与各项教育教学活动的目的。

3. 保教并重

幼儿园班级管理工作包括教育和保育两个方面，要做到"保中有教、教中有保"，保教并重，不能偏废其一。具体来说，就是在幼儿的生活中，注重幼儿的身体健康和心理健康，提供必要的保育措施，如提供安全、舒适的环境，合理的生活制度，营养的饮食，等等；同时要注重对幼儿的教育，如培养良好的行为习惯，传授基础知识，发展智力，等等。保教并重原则是幼儿教育的基本原则之一，也是幼儿园一贯坚持的教育原则。只有在保证幼儿身体健康、心理稳定的基础上，才能更好地进行教育活动，促进幼儿的全面发展。

#### （二）教育功能

1. 认知发展教育功能

幼儿教育的任务是积极引导幼儿认知从具体形象向抽象逻辑过渡，从而为幼儿进入学校接受正规系统的学习做好准备。基于幼儿的注意、记忆、思维等心理发展特点，教师应该科学运用直观、具体、形象、丰富多彩的教育教学形式和方法开发幼儿智力。在教育教学内容选择上应多考虑一些常识性的社会科学知识和自然科学知识，尽可能选择幼儿在现实生活中看得见、体会得到的知识点。各年龄班对幼儿认知教育的要求不同。小班侧重对幼儿自我认知的教育，例如：知道老师、同伴和自己；愿意自己的事情自己做；遇到困难时能向别人寻求帮助；日常生活中会自觉遵守规则。中班侧重"我"

与他人之间关系的认知，例如：知道自己是集体中的一员；能独立完成力所能及的事；学会关心他人、帮助他人，能和同伴分享快乐。大班侧重"我"与社会之间关系的认知，例如：敢于表达自己的独特想法，尝试和别人不一样的方法；学习认识与自己生活有关的环境、动物、植物与人类的相互关系。

2. 情感发展教育功能

幼儿情感发展具有以下四个特点：① 易冲动性。幼儿常常处于激动状态，不能自控，年龄越小，这种冲动越明显。② 不稳定性。幼儿的情绪非常不稳定，容易变化。③ 外露性。幼儿的情绪完全表露在外，丝毫不加控制和掩饰。④ 易感性。由于个性不成熟、不稳定，幼儿认知水平不高，爱模仿，情感易受别人的暗示和感染。幼儿年龄越小，这个特点越突出。

 知识卡片

《规程》总则明确规定："萌发幼儿爱祖国、爱家乡、爱集体、爱劳动、爱科学的情感，培养诚实、自信、友爱、勇敢、勤学、好问、爱护公物、克服困难、讲礼貌、守纪律等良好的品德行为和习惯，以及活泼开朗的性格。"第三十一条指出："幼儿园的品德教育应当以情感教育和培养良好行为习惯为主，注重潜移默化的影响，并贯穿于幼儿生活以及各项活动之中。"这说明幼儿的情感教育是德育的重要内容。

如何对幼儿进行情感发展教育呢？第一，利用身边发生的事对幼儿进行情感教育；第二，结合节日对幼儿进行情感教育；第三，创设教育主题，将一日活动和情感教育相结合；第四，通过游戏活动、区域活动强化情感教育。

### （三）社会功能

1. 服务基础教育

《规程》第二条指出："幼儿园是对3周岁以上学龄前幼儿实施保育和教育的机构。幼儿园教育是基础教育的重要组成部分，是学校教育制度的基础阶段。"《纲要》总则指出："幼儿园教育是基础教育的重要组成部分，是我国学校教育和终身教育的奠基阶段。"幼儿园教育是基础教育的一部分，具有服务基础教育、奠基学校教育的功能。幼儿正处于人生发展的起始阶段，这一阶段获得的学习经验不仅会影响他们当下的发展，还会影响他们在小学、中学、大学甚至大学以后的发展。所以，幼儿园教育具有基础性。我国著名教育家陶行知先生认为，行为习惯的培养就是教育。幼儿时期是形成习惯的关键时期，养成良好的习惯会使幼儿受益终身。幼儿时期的良好行为习惯包括品德行为习惯、生活习惯、卫生习惯、学习习惯等，这些习惯是幼儿学会自己管理自己、顺利进入小学接受正规系统教育的前提条件，也会在其童年期、青少年期甚至成年后影响他们各方面的发展。幼儿没有良好的生活卫生习惯，就难以有健康的体魄；没有良好的品德行为习惯，就难以有崇高的道德品质；没有良好的学习习惯，就难以有高度发展的智力水平和高效率的工作绩效。

幼儿园班级管理就是对幼儿生活、卫生、行为、学习习惯的熏陶与培养，因其工作细致而又繁重，每项工作都有严格的要求和程序，所以幼儿园班级管理工作处处蕴含着教育因素。

2. 为父母提供育儿指导

《规程》第三条规定："幼儿园的任务是：贯彻国家的教育方针，按照保育与教育相结合的原则，遵循幼儿身心发展特点和规律，实施德、智、体、美等方面全面发展的教育，促进幼儿身心和谐发展。幼儿园同时面向幼儿家长提供科学育儿指导。"我国的幼儿园教育具有促进幼儿全面和谐发展和为家长提供育儿指导的双重任务。当前还存在部分幼儿家长教育理念落后，教育方法单一，重智育轻德育、重特长轻全面发展的现象。为家长提供科学育儿方法的指导，才能提升家长的育儿质量，形成教育合力，促进幼儿全面和谐的发展。

同时，幼儿园班级管理能够提高班级各项工作的效率，以最少的人力、物力、财力付出，实现幼儿最佳的发展，促进家园关系的和谐。

 知识卡片

### 幼儿园班级管理方案写作方法

1. 明确幼儿园班级管理的任务和要求

首先需要明确班级管理的任务和要求，这是制订管理方案的基础。在制订方案时，要考虑幼儿的年龄特点、发展需求、个体差异，以及幼儿园的教育理念和培养目标。

2. 制订班级管理流程

在明确任务和要求的基础上，需要制订具体的班级管理流程。管理流程应该包括：晨检、环境布置、教学安排、游戏活动、午睡、餐饮、卫生、放学等环节。每个环节都需要明确责任人、操作要求和注意事项，以确保班级的正常运转。

3. 制订班级规则

制订班级规则是班级管理的重要环节，其目的是建立良好的班级秩序，促进幼儿健康成长。班级规则应该包括文明礼貌、行为规范、安全要求等方面的内容。在制订规则时，需要充分考虑幼儿的年龄特点和行为习惯，做到既合理又易于理解。

4. 合理分工与协作

班级管理需要教师和保育员等分工协作。在制订管理方案时，需要明确每个人的工作职责和工作要求，建立有效的沟通机制，确保班级工作的顺利进行。同时，还需要明确班级管理的评估标准，定期进行工作总结和反思。

**5. 营造温馨和谐的环境**

幼儿的发展与成长离不开环境的影响。幼儿园班级管理需要为幼儿营造一个温馨和谐的环境，包括物质环境和心理环境两个方面。物质环境方面需要保持教室整洁卫生、设备齐全、光线充足等；心理环境方面需要建立良好的师幼关系、同伴关系和家庭关系等，以促进幼儿的身心健康。

**6. 关注幼儿个体差异**

幼儿的发展存在个体差异，因此在班级管理中需要关注每个幼儿的个性特点和发展需求。在制订管理方案时，需要充分考虑每个幼儿的特点，制订个性化的教育计划和成长目标。同时，还需要关注幼儿的心理需求和情感体验，提供必要的心理支持和情感关怀。

**7. 定期评估与调整**

班级管理方案不是一成不变的，需要定期进行评估和调整。评估的目的是了解管理方案的实施效果和存在的问题，及时进行调整和完善。评估的内容可以包括幼儿发展状况、班级秩序、教师和保育员的工作表现等方面。根据评估结果，及时调整管理方案，以更好地促进幼儿的发展和成长。

## 案例探索

刘老师经常教育幼儿要注意爱护环境，保持卫生。一天，由于有急事，刘老师将准备要扔到垃圾桶的废纸随手扔在了幼儿园的花圃旁。刘老师的这一行为正好被琳琳发现，琳琳带着疑惑的眼神望了刘老师很久。之后，一个小朋友找刘老师打小报告，说琳琳随地乱扔废纸。刘老师把琳琳叫到办公室，问琳琳为什么不注意爱护校园卫生，没想到琳琳的回答让刘老师无言以对。琳琳说："有一天，我看到老师您把纸扔在了花圃旁边，我以为那里是可以扔的，不算破坏环境。"

【分析】案例中刘老师的做法是不正确的，没有做到为人师表，也违背了教师职业道德规范的基本要求。教师职业道德规范对教师提出了爱国守法、爱岗敬业、关爱学生、教书育人、为人师表和终身学习六条具体要求。刘老师的行为首先违背了为人师表的要求。教师要严于律己，以身作则，应该衣着得体、语言规范、举止文明，在各个方面为幼儿树立榜样。刘老师一方面教育幼儿要爱护环境，另一方面自己却给了幼儿错误的行为引导，并没有以身作则去爱护环境。其次违背了教书育人的要求。教师要遵循教育规律，实施素质教育，培养学生的良好品行。刘老师没有时时牢记德育为先的教育原则，随意扔垃圾是破坏环境的不当行为，给幼儿带来了不好的影响，没有起到好的教书育人的效果。

## 行动研修

### 撰写幼儿园中班班级管理方案

小琪是一名应届毕业生,今年入职了小太阳幼儿园,园长布置了为中班制订班级管理方案的任务。请你利用所学知识帮帮她,撰写一份幼儿园中班的班级管理方案。

一、任务目标

(一)总体目标

根据幼儿园班级的基本结构,撰写一份幼儿园中班的班级管理方案。

(二)具体目标

1. 方案结构完整、科学,符合中班幼儿身心发展特点与幼儿园班级管理的特点。
2. 方案有效结合幼儿园地域特点,凸显班级特色。

二、任务要求

1. 根据项目一的内容梳理幼儿园班级的基本结构。
2. 根据幼儿园班级的基本结构,结合中班幼儿身心发展特点等知识,撰写中班班级管理方案。
3. 根据幼儿园班级管理的功能,完善幼儿园班级管理方案,使其更具有实用性。

三、情境任务

(一)中班班级管理的内容

观察带教老师的一日生活轨迹与活动事项,向带教老师请教,并总结中班班级管理所包含的内容。

(二)处理突发事件

查询幼儿园内的管理规定,制订班级内部处理突发事件的办法。

(三)凸显班级特色

结合本地区特色与幼儿园整体发展方向,确定该中班的特色班级管理方案。

## 在线测试

参考答案

1. 我国幼儿园中主要负责幼儿的卫生保健、生活管理的人员被称为(    )。
   A. 教师          B. 阿姨          C. 保育师          D. 保姆
2. 幼儿园班级的基本结构包含(    )。
   A. 人员结构      B. 社会结构      C. 家庭结构        D. 环境结构
3. 幼儿园小班人数一般为(    )。
   A. 25人          B. 30人          C. 35人            D. 40人
4. (多选)幼儿园班级管理是为提升幼儿生命质量而计划、(    )各种要素和资源的过程。
   A. 组织          B. 指挥          C. 协调            D. 帮助
5. (多选)幼儿园班级管理的功能有(    )。

A. 提升功能　　　　B. 教育功能　　　　C. 生活功能　　　　D. 社会功能

6.（多选）幼儿园班级管理的特点包括保教性、游戏性、（　　）等。

A. 启蒙性　　　　B. 教育性　　　　C. 社会性　　　　D. 单一性

7.【2020·下】材料分析：毛毛是个活泼的孩子，在这学期体检时，毛毛被检查出弱视，需要戴眼镜治疗。李老师发现毛毛戴眼镜之后变得沉默了，有时还把眼镜摘下来不戴。李老师关心地询问毛毛，毛毛说怕小朋友笑话，所以不想戴。李老师组织了一次"眼睛生病了怎么办？"的集体活动。活动后，幼儿都知道眼睛生病了要治疗，毛毛戴眼镜也是为了治疗。毛毛又戴上了眼镜，如同过去一样活泼了。

问题：

（1）李老师组织这次活动主要解决的问题是什么？

（2）李老师的做法有哪些方面值得我们学习？

## 课后学习指导

1. 大学生慕课——幼儿园管理（西南大学），https://www.icourse163.org/course/SWU-1450160244?from=searchPage&outVendor=zw_mooc_pcssjg_。

2. 大学生慕课——幼儿园组织与管理（洛阳师范学院），https//www.icourse163.org/course/LYNC-1002128021?from=searchPage&outVendor=zw_mooc_pcssjg_。

## 评价反思

模块一　项目一　学习情况评价表

| 评价项目 | | 评价标准 | 状态水平描述 | | |
| --- | --- | --- | --- | --- | --- |
| | | | 自我评价 | 小组评价 | 教师评价 |
| 学习内容评价 | 幼儿园班级的基本结构 | 1. 是否了解幼儿园班级的基本结构 | | | |
| | | 2. 是否掌握幼儿园班级组织结构的三种基本形式 | | | |
| | | 3. 是否初步形成对幼儿园班级管理的科学态度观念 | | | |
| | | 4. 是否初步形成科学的教育教学观念 | | | |
| | 幼儿园班级管理的含义、特点与功能 | 1. 能否准确理解幼儿园班级管理的特点 | | | |
| | | 2. 能否准确说出幼儿园班级管理的含义、功能 | | | |
| 学习表现评价 | 学习态度 | 1. 是否认真学习本项目内容 | | | |
| | | 2. 是否积极参与课堂讨论和小组活动 | | | |
| | | 3. 是否认真完成实践任务和课后习题 | | | |

（续　表）

| 评价项目 | | 评价标准 | 状态水平描述 | | |
| --- | --- | --- | --- | --- | --- |
| | | | 自我评价 | 小组评价 | 教师评价 |
| 学习表现评价 | 学习态度 | 4. 是否积极思考并主动向同学和保教人员请教问题 | | | |
| | 学习能力 | 1. 能否运用本项目内容结合实际思考班级管理的方法 | | | |
| | | 2. 能否结合本项目内容对幼儿园班级管理的科学性进行反思 | | | |
| | | 3. 能否主动查阅相关书籍进行拓展阅读 | | | |
| 综合评价 | 自我评价：<br>小组评价：<br>保教人员评价： | | | | |

# 项目二　班级环境创设

## 内容导读

幼儿园班级环境创设是班级管理中一项非常重要的任务，是直接对幼儿的身心发展产生影响的工作。幼儿在活动中学习，在与周围环境的互动中学习，重视班级环境创设是幼儿身心发展的需要。本项目从班级物质环境创设与管理以及班级心理环境营造两个角度展开论述，为幼儿园班级环境的科学规划和管理提供支持。

## 任务一　创设幼儿园班级物质环境

### 学习目标

认知目标：了解幼儿园班级物质环境创设与管理的基本内容。

技能目标：掌握幼儿园班级环境创设基本原则，能提出因地制宜且与幼儿发展实际相适宜的方案。

情感目标：重视物质环境对幼儿发展的支持作用；将幼儿的发展和需要作为物质环境创设的出发点和落脚点。

思政目标：注重观察和思考，具有科学规划和管理班级的意识。

### 基础知识

#### 一、幼儿园班级物质环境概述

幼儿园班级环境是指在幼儿园班级中对幼儿身心发展产生影响的物质与心理要素的总和，包括物质环境和心理环境两个方面。幼儿园班级物质环境是指影响幼儿发展的与班级物理环境相关的客观因素，包含室内空间布局、家具设备、游戏材料的投放、墙面布置与幼儿作品展示、幼儿所能观察到的班级内的其他环境（如卫生间、盥洗室）等。创设良好的幼儿园班级环境的目的是更好地引导、支持幼儿的活动，使环境产生积极的、有价值的作用。

幼儿园班级环境创设与管理是指幼儿教师在一定的班级环境创设目标的指引下，有目的、有计划地通过设计、布置和调整班级物质环境和营造班级心理环境，以创设良好的班级环境。

### （一）班级物质环境的理论基础

**1. 瑞吉欧教育理念**

瑞吉欧教育理念把环境作为教育的重要因子，把环境放在与教师一样的高度，将环境也看作教育的内容，认为环境对幼儿的发展起着促进和激发作用。瑞吉欧教育特别重视为幼儿创设优美、舒适的环境，鼓励幼儿积极与环境互动，在互动中学习。班级物质环境包含人、空间、时间和材料四个要素。因此，在创设班级环境时，教师要充分考虑幼儿的兴趣爱好与年龄特点，一切的创设内容都要以幼儿为先。教师除要考虑班级空间的合理利用与划分，还应考虑时间要素，即班级环境要根据季节、节日进行创设，以便幼儿熟悉从而喜爱。此外，材料的选择对幼儿与材料的互动与操作产生直接的影响，教师要结合幼儿发展特点，选择种类丰富、数量充足的活动材料，并注意定期更新。

**2. 建构主义理论**

皮亚杰根据幼儿智力发展的主要特征和变化规律把幼儿的智力发展划分为四个阶段，其中2～7岁为具体运算阶段，表现出以下特点：第一，思维的相对具体性，幼儿能借助表象进行思考，但还不具备运算思维；第二，思维的不可逆性，幼儿在面对问题时，通常只能按照他们已知的信息或经验进行单向推理，而无法进行反向或逆向思考；第三，自我中心性，幼儿以自己的经验为中心，只有参照他自己才能理解事物；第四，刻板性，幼儿在思考眼前问题时，其注意力还不能迁移。皮亚杰认为，幼儿的发展是主动建构的过程，幼儿是在与周围环境的相互作用中发展的。因此，为幼儿提供良好的环境，并鼓励幼儿参与环境创设、与环境进行积极互动，是家长、教师的基本任务与责任。

维果茨基（Lev Vygotsky）的"社会性建构"理论也指出：幼儿的主动建构是社会性的，人际交往和社会文化对个体发展具有重要作用。幼儿生活的人文环境是幼儿发展的重要条件。教师要调动幼儿在创设中的"主动建构"，引导他们积极与环境互动，从而促进幼儿的发展。

 知识卡片

> 维果茨基毕生从事心理发展问题研究，研究重点是人的高级心理机能的发生和发展。他强调人类社会文化对人的心理发展的重要作用，认为人的高级心理机能是在人的活动中形成和发展起来，并借助语言实现的。维果茨基与A. H. 列昂节夫、A. P. 鲁利亚等人由此形成了一个极有影响的文化历史学派，在20世纪30年代特别活跃。

**3. 人类发展生态学理论**

人类发展生态学是从生态学的角度研究人的发展问题，这一理论是美国心理学家布朗芬布伦纳（Urie Bronfenbrenner）创立的。布朗芬布伦纳认为，人类发展生态学是

"对不断成长的有机体与其所处的变化着的环境之间相互适应的过程进行研究的一门学科，有机体与其所处的即时环境的相互适应过程受各种环境之间的相互关系，以及这些环境赖以存在的更大环境的影响"。

根据布朗芬布伦纳对环境研究提供的视角，我们可以把幼儿的环境分为既彼此独立又互相联系的四个系统，分别为微观系统、中间系统、外层系统和宏观系统。微观系统是指幼儿可以直接参与其中，并与之发生相互影响的环境。如在幼儿园环境中，幼儿所经历的活动、承担的角色和建立的人际关系模式等。中间系统是指幼儿可以直接参与并与之发生关系的更广泛的环境，如家庭与家庭间的关系、邻里间的伙伴关系、家庭与幼儿园的合作关系、家庭或幼儿园可利用的社区环境等。中间系统会因幼儿进入新的环境而不断生成和扩展。外层系统是指幼儿一般不能直接参与其中，但对他们的成长有影响的环境，如玩具工厂、大众传媒或其他社会群体机构和社会组织（如各级教育部门）等。宏观系统是指幼儿家长的期望与态度，幼儿园教育所制定的培养目标，其他社会群体组织乃至整个社会的主流文化和亚文化，以及家长与教师的儿童观、教育观、价值观。这些系统拼接在一起，共同组成了幼儿发展的生态环境，它们通过直接或间接的方式，在幼儿的发展过程中发挥着巨大的作用，极大地影响着幼儿的思想和行为。

（二）班级物质环境的创设原则

教师所创设的班级物质环境，需要能够刺激幼儿进行积极的思考与行动，为幼儿的学习及与他人交流沟通搭建平台，真正促进幼儿的身心发展。2022年教育部颁布的《幼儿园保育教育质量评估指南》对幼儿园环境创设的关键指标和考查要点作了明确规定，关键指标分别是"空间设施"和"玩具材料"。空间设施方面，"合理规划并灵活调整室内外空间布局，最大限度地满足幼儿游戏活动的需要""各类设施设备安全、环保，符合幼儿的年龄特点"；玩具材料方面，"玩具材料种类丰富，数量充足，以低结构材料为主""配备的图画书应符合幼儿年龄特点和认知水平，注重体现中华优秀传统文化和现代生活特色，富有教育意义"。

 知识卡片

  对保教质量的评估行为直接关系到幼儿园保教实践的正确走向。《幼儿园保育教育质量评估指南》从评估内容和评估方式两方面，针对现实中不科学的评估导向给出了纠偏提示，并通过评估指标对保教质量的重点考查内容进行了具体的描述。这些重点评估内容不仅突出了如何对过程性质量进行真实性、发展性评估，而且充满了对一线保教工作者的人文关怀，体现了教育公平性的内涵，具有很强的操作性指引的特点。人们可通过观察幼儿园环境、幼儿表现、教师行为等方面，判断幼儿园保教的过程性质量。

（资料来源：华爱华，《〈幼儿园保育教育质量评估指南〉的实践要义》，《江苏教育研究》2023年第9期，第10～14页，有改动。）

基于教育目的和相应要求，班级物质环境创设通常需要遵循以下原则。

1. 安全性

在班级内不论布置怎样的环境，首要考虑因素都是安全。幼儿的身心安全是幼儿园工作的重中之重，和幼儿接触的材料必须保证安全，即布置环境一定考虑是否存在安全隐患。如幼儿的作品展示尽量用胶水、胶带，而不要使用大头针等尖锐物品固定，因为幼儿经常欣赏、交流，可能会有幼儿拿下大头针玩耍，存在很大风险。布置其他环境也要考虑安全，尽量用质地柔软的材料来布置，少使用坚硬的材料。如桌椅和玩具柜等物品比较坚硬，则需要把边角磨成圆角，减少幼儿磕碰受伤的可能（图1-2-1）。最后，幼儿所使用的玩具材料应当是安全无毒的。

图1-2-1　磨圆的桌角

2. 趣味性

环境是幼儿活动的场所，因此要体现一定的趣味性。有趣，幼儿才会乐于参与。班级环境创设要结合幼儿的年龄特点，引起幼儿的关注和喜欢，必须要带有趣味性。趣味性与幼儿的无意注意和学习方式关系密切，如色彩鲜明、能够唤起幼儿多种感官体验的物品对幼儿更有吸引力（图1-2-2）。

图1-2-2　有趣的墙面环境

3. 教育性

班级环境创设的一个重要特性是教育性，环境创设的目的是让幼儿潜移默化地受到影响，这是幼儿园教育的应有之义。教师要充分运用智慧，让环境发挥最大的教育价值，让幼儿在材料操作、环境探索中发展各方面能力和品质，养成良好的习惯。如幼儿园的玩具柜会在每个玩具相应的地方做好标识，便于幼儿取放收纳，考虑到小中大班幼儿的认知水平，通常小班会用照片的形式来提示幼儿玩具的"家"在哪里，中班会用不同颜色的常见图形作为标识，而大班则可能会采用简易坐标，如"1-1"这样的数字标识来提示幼儿玩具应该放在哪里（图1-2-3）。这样可以让幼儿在日

图1-2-3　有教育性的环境

常的玩具整理过程中，巩固认知经验，同时养成良好的操作习惯。每个环境、每个细节的创设都蕴含深刻的教育价值，教师要引导幼儿与环境充分互动，挖掘环境最大的教育价值。

4. 美观性

幼儿的世界是美的，在幼儿园，幼儿的眼睛所触及的每一处风景、每一个角落也应该是美丽的。创设美观的班级环境，不仅能让幼儿喜欢上幼儿园，更重要的是能培养与熏陶幼儿的审美情趣。每所幼儿园在设计装饰环境时虽然都有自己独特的想法，但也有共同的特征，即所用的颜色搭配一定都是明朗、柔和、纯净的，符合幼儿的年龄特点（图1-2-4）。班级环境的创设同样如此，教师要考虑颜色的搭配运用、布局的设置新颖、元素的组合使用等，给幼儿美观、舒适、自在的感觉。

图1-2-4　美丽的"纸的世界"

5. 互动性

互动性是班级环境中要特别强调的一个特点。互动性与环境创设的有效性成正比，只有实现教师与幼儿的互动、幼儿与幼儿的互动、幼儿与环境的互动，才能充分挖掘环境的教育意义与价值（图1-2-5）。考虑到幼儿发展的差异性，教师设计布置环境时应尽可能设计不同难易层次的内容，如班级幼儿年龄跨度较大、能力水平有差异，单一难度的游戏对能力强的幼儿来说太简单，而对能力弱的幼儿来说则难度过高，不利于幼儿的自主探索和学习。且同一年龄段的幼儿也可能因为经验不同而能力水平有所差异。互动性的另一个体现是实用性。有的游戏材料美则美矣，但操作困难或者已损坏，也不利于幼儿与玩具互动。

图1-2-5　可互动的游戏材料

6. 动态性

班级环境应被视作一个"会运动的生命体"，它和幼儿的身心发展一样，会随着幼儿心智的发展而发展。所以不论是幼儿的绘画作品还是主题墙面的内容都要定期更换，让幼儿得到新的环境刺激。同时，室内的区域活动也要有计划地定期更换，有的区域幼儿的兴趣程度不高，要究其原因并及时调整；有的游戏材料不符合幼儿的年龄特点，也要及时更换，保证班级环境隐性教育的有效性。

7. 主体性

环境创设以促进幼儿学习与发展为目的，因此一定要充分体现幼儿的主体性，做到"以幼儿为本"。陈鹤琴先生主张"通过儿童的思想和双手所布置的环境，可使他对环境中的事物更加认识，也更加爱护"。"做"是幼儿的天性，可以让幼儿获得直接经验，与周围环境材料互动，养成操作的兴趣和习惯，在此过程中发展自身的思维、能力和品质。

（三）班级物质环境创设与管理的意义

1. 促进幼儿的认知和思维发展

图1-2-6 "水果比萨"游戏材料

环境创设有明确的目标，教师要把目标落实到具体的游戏和材料中，创设与教育教学目标相吻合的环境。皮亚杰曾说："儿童的认知发展在其不断地与环境的交互作用中获得。"幼儿通过与环境的相互作用而实现自身的适应与平衡。蕴含着教育目的的环境和游戏材料能促进幼儿的思维发展。如小班幼儿在操作"水果比萨"这一游戏材料时，教师有意识地将不同的比萨二等分、三等分、四等分，并在比萨边缘用不同的"配料"作为提示，帮助幼儿完成比萨的组合（图1-2-6）。

2. 促进幼儿自主学习能力的发展

想让环境创设发挥有效性，必须充分意识到环境创设具有互动性的特点。环境创设不是教师一个人的事情，而应由教师引导幼儿来创设。教师通过引导、支持，给予幼儿动手动脑的机会与权利，让幼儿参与环境创设，真正成为环境的主人，所以有效的环境创设必然可以培养幼儿的动手参与意识。通过自己动手参与，幼儿更愿意与环境进行互动交流，在环境创设中体验成功感，培养自信心，自然而然产生主动学习的兴趣和动机。如大班幼儿对我国经典故事《西游记》很感兴趣，在班级开启新学期环境创设时，教师征询了班级幼儿的建议，幼儿希望能够把《西游记》里有趣的情景都搭建出来。这虽然很有难度，但教师和幼儿共同努力，充分利用了建构区的宽敞空间，建构出了一个富有童趣的"盘丝洞"（图1-2-7）。幼儿在建构过程中充分锻炼了自主探索的能力。

图1-2-7 师幼共同创设的"盘丝洞"

此外，幼儿与物质环境互动学习的过程和在教学活动中的学习有相当明显的区别，前者幼儿会有更多的自主选择的空间——选择什么活动区、什么游戏材料、什么难度，都是幼儿可以自己决定的。教师可在此基础上给予幼儿及时的引导和支持。因此，班级物质环境有助于培养幼儿自主学习能力的发展。

3. 促进幼儿审美能力的发展

教师与幼儿共同创设的班级环境，是幼儿每天生活的场所。班级内的每个角落，幼儿都可以欣赏并与同伴交流。环境创设的过程就是对幼儿进行艺术熏陶与感染的过程，他们会在老师的指导下，根据自己的审美喜好创设环境，这实质上是给幼儿提供了更多审美表现的机会，幼儿对环境创设的观察、欣赏与评价会潜移默化地提升幼儿的审美感受力与审美鉴赏力。如教师在和中班幼儿讨论之后决定以"纸"为核心元素来创设班级环境，教师和幼儿在欣赏了马蒂斯的作品后，对纸的拼贴画产生了浓厚兴趣，因此教师将幼儿的拼贴画作品装饰在室内墙面，并附上幼儿对自己作品的命名。幼儿对自己的创作十分自豪，这也激励了幼儿的后续创作和相互欣赏（1-2-8）。

图1-2-8　幼儿的创作作品

4. 促进幼儿学习品质的发展

图1-2-9　幼儿在专注游戏

精心布置的班级物质环境还能促进幼儿学习品质的发展。《指南》中指出学习品质包括学习兴趣、专注性、坚持性、创造性等（图1-2-9）。教学活动中，教师用心的教学设计同样能帮助幼儿发展，但在幼儿与环境互动时，更能显示出幼儿自身的学习品质。如蜜柚班结合幼儿园的柚子树，创设了洋溢游戏精神的班级主题课程和物质环境，到第三周，几乎所有幼儿都非常喜爱班级活动区，而由教学活动延伸而来的游戏材料反过来也提升了幼儿的学习兴趣。

### 案例探索

某中班根据幼儿的兴趣，开启了"好玩的布"的主题课程。但是在进行活动区创设时，教师却遇到了困难——班级提供了各种各样的布匹、布块、布条，以及各种各样的辅助工具（夹子、订书机、回形针等），但是材料的互动性似乎有所欠缺，幼儿拿到这些工具有些不知所措，只有小部分幼儿能够自主游戏，其他幼儿需要老师稍加引导。

【分析】从幼儿能力水平现状来看，幼儿目前的能力只比小班幼儿强一些，手工能力差异明显，能力较弱的幼儿还需要教师的帮助，因此在游戏时会经常遇到困难。从幼儿经验来看，各种各样的布料的确低结构化，但是幼儿玩布的经验相对有限，大多来自课堂教学，所以幼儿的兴趣比较欠缺，尽管布料的实用性较强，但是幼儿难以用布料进行创作。从教师引导与支持方式来看，教师可以根据材料的丰富性和暗示性引导幼儿进行尝试，如提供各种各样的小模特、分享幼儿的布料作品等。

## 二、幼儿园班级物质环境的创设与管理

《纲要》明确指出："环境是重要的教育资源，应通过环境的创设和利用，有效地促进幼儿的发展。"《幼儿园保育教育质量评估指南》也指出"环境创设"的评价要点："包括空间设施、玩具材料等2项关键指标，旨在促进幼儿园积极创设丰富适宜、富有童趣、有利于支持幼儿学习探索的教育环境，配备数量充足、种类多样的玩教具和图画书，有效支持保育教育工作科学实施。"由此可见，幼儿园班级环境创设对幼儿身心发展起着不可忽视的重要作用。

### （一）班级空间规划与管理

幼儿园空间一般可以分为室内空间和室外空间，班级空间规划通常指室内空间。室内空间的规划与管理是指教室内部空间的划分、利用与调整，包括室内空间的结构、适应程度、利用三个方面。

通常而言，班级室内空间包括活动室、盥洗室、幼儿寝室等。不同功能的空间之间应有较为明确的分隔，位置安排合理，并能保证各个空间有足够的利用率。如活动室应当与寝室分开，给幼儿良好的秩序感和足够的活动空间；盥洗室男孩和女孩的厕所应当分开，尊重幼儿隐私，使幼儿养成良好的如厕习惯；毛巾架和洗手池（面盆）应当距离较近，便于幼儿洗手后及时擦干，养成良好的卫生习惯。寝室应当考虑幼儿的床位摆放和床具的收放。如幼儿床具是多层结构，则需注意最高层的床位与窗户的距离与位置，对幼儿做好安全提示，避免意外；如床具是单层结构，则需要根据班级人数合理规划空间，避免幼儿互相影响，能尽快安静入睡，也要为教师巡回观察留出足够的空间（图1-2-10）。

图1-2-10　幼儿园床具的安排

此外，如果活动室内有大型电子屏幕，幼儿应与屏幕保持足够的距离，有的班级会设置"三米线"以保护幼儿的视力，这也是空间创设对幼儿关怀的体现之一。总之，班级室内空间规划与管理应当有整体规划，根据幼儿年龄特征和具体的能力水平制订与之相适应的计划，必要时进行适当调整。

### （二）班级用具设备的设置与管理

班级用具设备包括餐点和活动使用的桌椅，用于休息的床垫或幼儿床，用于存放幼儿物品的整理箱或其他玩具用品的存放设备等。

数量充足、适宜、安全、舒适是用具设备设置与管理需要考虑的四个特点。教师需要根据班级幼儿人数安排足够的桌椅、床具、整理箱等；要使之适应幼儿的生理特征和能力水平，如班级幼儿放书包的整理箱通常是层级摆放，为了方便幼儿拿取，身高较矮的幼儿的整理箱会放在低层；要注意尖锐、坚硬、易碎和细小物品的管理，如班级桌椅和橱柜都需要做成圆角，避免幼儿碰撞发生意外，其他容易碰撞的地方也要包上防撞条；幼儿通常偏爱柔软、整洁的环境和物品，因此要更细致地考虑幼儿的需求（图1-2-11）。

图1-2-11　温馨的娃娃家

### （三）班级墙面环境的创设与管理

墙面环境包括生活区、寝室和活动室的墙面。幼儿园墙面创设是指在墙面上安排和陈列各种物品，使墙面符合幼儿或教育目的的需要，可以从墙面布置、幼儿作品展示及其展示方式来进行考察。常见的班级墙面环境有以下三类。

#### 1. 作品展示墙

将幼儿的绘画作品放置于幼儿随时都能看得到的位置，除便于同伴的欣赏之外，还可激励他们更好地绘画。幼儿可以在欣赏过程中培养审美情趣以及对美的观察能力（图1-2-12）。

#### 2. 赏识栏

幼儿需要教师和同伴的鼓励和赞赏，对幼儿进行赏识教育也是目前幼儿园非常提倡的一种教育方式。因此班级内的赏识栏是必不可少的，如积星榜（图1-2-13）。赏识栏会激励幼儿向更好的方向努力。

图1-2-12　作品展示墙

### 3. 家园联系栏

幼儿是连接教师与家长的纽带，而家园联系栏则是家长与教师进行互动交流的方式之一。班级开展的教育活动、本周工作重点、温馨提示等都会在家园联系栏内张贴呈现，便于家长及时关注了解，与老师交流分享（图1-2-14）。

 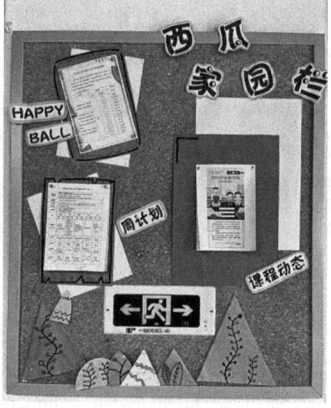

图1-2-13　赏识栏——积星榜　　　　　图1-2-14　家园联系栏

在墙面布置上，教师应该合理规划墙面划分和展示内容，如幼儿寝室的墙面宜用深蓝色等颜色，展示内容可以为月亮、星空等隐含休息意味的画面。在幼儿园作品展示上，主要考虑展示的全面性，不同幼儿、不同主题和内容均应有展示机会。班级通常都会在墙面展示幼儿的作品，但有的班级考虑到美观性，只呈现部分幼儿比较精美的作品，其他幼儿的作品则不予展示，这种行为无疑会对没有展示作品的幼儿的信心造成不良影响。此外，班级的主题活动墙应该跟随课程活动的进程跟进更新，及时展示幼儿的学习表达成果和表征内容等，让幼儿感受到在班级环境中的归属感，形成自己是班级小主人的意识。在展示方式上，需要考虑展示的高度和形式。我国台湾的幼教工作者张世宗通过研究认为，幼儿园的教室内依据墙壁高度可分为幼儿操作带、共同操作带、成人利用带等。1.2米以下的墙面是专门为幼儿布置的，以便让幼儿与墙面互动，因此展示布置不能太高，要尽量与幼儿的身高相称，以免给幼儿视觉带来不良的影响。有的班级会精心设计幼儿与墙面环境互动的活动，鼓励幼儿用抽拉、开合等方式来与环境互动，中大班幼儿还可以思考和参与幼儿操作带和共同操作带这一区域的创设。

### （四）区角环境的创设与管理

区角环境通常也被称作活动区环境，按照功能不同，可以分为学习性区角环境和游戏性区角环境。学习性区角环境主要指向幼儿五大领域的发展，如美工区、语言区、益智区等；游戏性区角环境主要指向幼儿情绪情感和其他方面经验的发展，如建构区、娃娃家、角色游戏区等。

教师在创设活动区时，首先应该有全局意识，根据班级具体环境思考布局。每个活动区有不同的环境要求，如美工区需要方便幼儿操作，最好能靠近盥洗室。活动区之间有不同的组合效果，如建构区可以和娃娃家相邻，建构区的幼儿可能会修建一条路，给娃娃家的幼儿送外卖，从而进行联动；美工区可以和表演区相邻，美工区的幼儿可以创作美丽的面具，提供给表演区的幼儿进行表演。创设活动区要考虑活动区的动静区域划分、封闭与半封闭区域的结合，尽可能让所有区角环境形成一个互为补充、空间灵动的整体。除了整体布局之外，还需要考虑活动区的设置和材料的选择、投放与管理。这时尤其需要考虑安全性原则、幼儿主体性原则、适宜性原则、互动性原则和趣味性原则。

游戏材料是幼儿游戏用的玩具和物品的总称，是班级集体活动中或幼儿进行自由活动时，教师所提供的物质活动教材。已有研究表明：游戏材料的数量、种类、质地、性质等对幼儿游戏行为具有很大的影响。游戏材料的安全性、数量、种类、适宜性、更新是区角环境的创设与管理的一个重要内容。

1. 小班幼儿的游戏材料

小班幼儿已能较为自如地活动身体和手，能够掌握各种粗动作和部分精细动作；具备了一定的语言表达能力，基本上可以向别人表达自己的想法与要求。从心理发展来看，小班幼儿的心理活动和行为更多是无意性的。依据这样的身心特征，教师给予小班幼儿的游戏材料要尤其注意安全，避免幼儿不小心受伤；此外，要将材料的教育性和趣味性融合在一起，如为了提高幼儿的精细动作能力，班级会创设"喂小动物吃水果"的游戏情境，引导幼儿用勺子舀小水果喂给小动物吃，既能达到锻炼幼儿精细动作的目标，又能让幼儿产生一定的心理投射，感觉自己像爸爸妈妈照顾自己一样照顾小动物，这样的体验会让幼儿更愿意参与和沉浸其中（图1-2-15）。

图1-2-15　喂水果

2. 中班幼儿的游戏材料

中班幼儿在幼儿园中处于承上启下的地位，与小班的幼儿相比自理能力要强一些，但在合作意识、规则意识等方面又不及大班幼儿，他们会对周围事物产生兴趣，喜欢观察，并从中体验获取新知识的乐趣。从生理发展来看，中班幼儿的生理条件更加成熟，能够坚持做一件事，动作也较灵活，而且有一定的条理性；从心理发展来看，中班幼儿的心理活动还不稳定，不能很好地控制自己的行动，有时还需要教师引导。在这样的情况下，教师要注意考察幼儿的最近发展区，选择具有一定引导性和挑战性的游戏材料（图1-2-16）。此外，要鼓励幼儿专注探究，游戏材料要有一定的层次性（图1-2-17）。

3. 大班幼儿的游戏材料

在大班的班级环境中，幼小衔接的内容占据了相当大的比例。从生理发展来看，大班幼儿的自我服务能力已经趋于成熟，身体素质相对小、中班有所增强；从心理发展来看，大班幼儿的情绪依然具有情境性和不稳定性，但能学会控制自己的情绪。在同伴交往方面，大班幼儿的合作交往能力会有明显进步。因此大班的游戏材料会更凸显规

图1-2-16　有挑战性的游戏

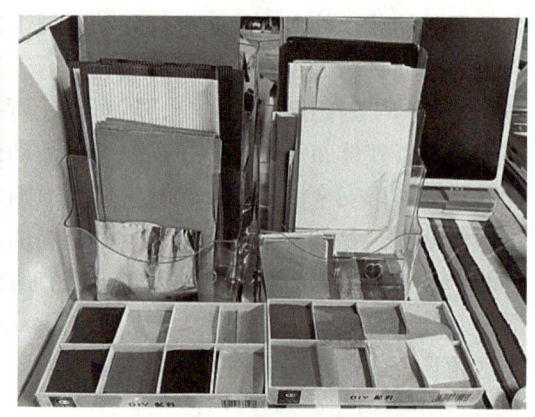

图1-2-17　有层次性的游戏材料

图1-2-18　"小超市"里的店员柜台

则性、合作性，如许多大班都会增设棋类区，棋类游戏需要幼儿配合合作、遵守规则，这为大班幼儿的社会适应奠定基础；此外，大班的游戏材料也会更关注思维的发展，如益智区会提供需要发散思维的图形变形玩具，语言区会提供自由排图讲述的故事图卡等，以发展幼儿的想象力、语言表达能力和大胆进行自我展示的能力等（图1-2-18）。

以上是各个年龄段幼儿游戏材料的基本特征，但选择具体的游戏材料时，还需要考虑幼儿之间的差异选择分类别、有层次的材料。如班级幼儿精细动作能力水平差异较大，因此选择班级的游戏材料时，教师会将同一个游戏设计为两种不同的形式，一种是图卡操作，另一种是立体操作，便于幼儿选择适宜自己的方式来自主游戏。

将游戏材料的互动性与趣味性完美融合在一起，将会更大程度地激发幼儿活动区学习的有效性。互动性指幼儿能够通过自己的动作使材料发生一定的改变，如幼儿想要探索南瓜内部的秘密，教师便事先做出中空的南瓜造型，在其中填满南瓜瓤和南瓜籽模型，幼儿可以用眼睛去观察、用手去触摸南瓜的内部。这样有趣的游戏材料会使幼儿的学习充满乐趣。

　学有所思

结合见习实习过程中的观察发现，请你分析一个活动区游戏材料的层次性，列举出游戏层次。

### (五)生活环境的创设与管理

生活环境指幼儿盥洗、如厕、午睡、进餐、饮水等环节的环境,这些环境分布在不同的功能分区。幼儿的"一日生活皆课程",教师要重视幼儿的生活环境创设,这对教师进行养成教育以及幼儿养成良好生活习惯有非常重要的作用。生活环境创设需要充分重视可操作性、秩序感、安全性和童趣性。

操作性指生活环境中的内容幼儿是否可操作、是否方便操作。例如幼儿的饮水杯架上有无幼儿的标签,幼儿接水时是否有足够的空间进出。秩序感指幼儿在生活环境中是否能有顺序、有效率地进行生活活动。生活环节通常因为幼儿的基本自我服务能力差异而表现出不同的进度。例如喝水环节,有的幼儿在接水走回座位时,有的幼儿已经喝完水去放水杯,这时会出现碰撞的情况,为了帮助幼儿在自主喝水环节更加有序,教师可以在地面用不同颜色的表示离开和走回杯架的箭头,并用故事帮助幼儿理解进出时要走不同的路线,才不会撞在一起。生活环节贯穿幼儿的一日生活,是幼儿参与频率相当高的活动,其安全性是不能忽视的。最后,富有童趣的生活环境能够更有效地激发幼儿进行生活活动的主动性和积极性。教师可以在饮水机上贴水果的标志,将幼儿的饮水环节变成有趣的"喝果汁"环节,轻松解决幼儿不爱喝水的难题;或是调整一下座位,使进餐的桌椅靠近阳光充足、风景优美的窗户,打造一个幼儿向往的"美丽小餐厅",使幼儿的进餐积极性大大提升(图1-2-19)。

图1-2-19 优美的进餐环境

幼儿在园的学习可以分为隐性学习和显性学习,隐性学习主要指从环境中学习,显性学习主要指教学活动中的学习。幼儿园教学活动不等于教师讲课,而是在教师的组织和引导下,幼儿动用多种感官,与环境、材料和同伴互动,并获得相应经验的过程。因此,要让集体教学活动取得成效,环境起着重要的作用。班级物质环境的创设和管理就是要引导幼儿在环境中充分活动,在活动中学习,以获得丰富的经验。

### 案例探索

一小班班级开启"种豆豆"课程之后,幼儿对豆豆的游戏十分感兴趣。为了促进幼儿精细动作和手眼协调能力发展,教师设计了"帮豆豆搬家"的游戏:用两个纸杯杯口夹住"豆豆",帮它回家。真实的豆豆体积太小,小班幼儿难以完成这样的动作,因此教师思考后用毛绒球来做"豆豆",因为毛绒球表面粗糙,有利于幼儿完成游戏。教师观察了幼儿的游戏情况后,还另外提供了几种不同的"豆豆",如滑溜溜的乒乓球、可能变形的纸团球、小一些的玉米团……幼儿可以

根据自己的兴趣来选择帮哪一种"豆豆"回家。

**【分析】**教师的游戏设计是有目的的。教师一开始设计这个游戏有明确的教育目的，并且围绕这个教育目的灵活地调整材料，贴近幼儿的最近发展区，并引导幼儿向上发展。教师的材料提供是适宜的。毛绒球"搬家"是小班幼儿都能完成的，乒乓球和玉米团却是对能力水平更高的幼儿的挑战，教师提供的材料不仅显示出对班级幼儿能力水平的普遍把握，也显示出对幼儿差异的关注。活动的教育性与趣味性相互融合，拟人化的角色会让小班幼儿更有学习和探究兴趣。

## 任务二 营造幼儿园班级心理环境

### 学习目标

**认知目标：**了解幼儿园班级心理环境创设和管理的基本内容。

**技能目标：**能用正确的理念指导幼儿园环境建设，注重环境创设活动中的主体交互性和情感交互性。

**情感目标：**以幼儿为本、关爱幼儿，营造以人为本的文化环境。

**思政目标：**注重学思结合、知行统一，增强勇于探索的创新精神、善于解决问题的实践能力。

###  基础知识

#### 一、幼儿园班级心理环境的概念

幼儿园班级心理环境是指对幼儿构成影响的，以幼儿与同伴、教师、家长为主构建的班级心理氛围。广义上的心理环境包括所有对幼儿心理产生实际影响的社会生活环境，包括幼儿生活、学习和游戏的全部空间、气氛、人际关系和风气等因素。心理环境与幼儿社会性发展呈线性关系，对幼儿身心发展起着潜移默化的作用。幼儿园班级心理环境创设的重点在于师幼关系、同伴关系、教师与家长之间的关系，其中，教师和同伴是班级心理环境最为重要的组成部分。班级心理环境对幼儿的影响是潜在而深远的，良好的班级心理环境可以促进幼儿认知经验的转化，激发幼儿积极的情感体验，使其乐意与人交往、乐于探索。

#### 二、幼儿园班级心理环境创设和管理的意义

积极的心理环境才能对幼儿的心理健康起到渗透作用。布朗芬布伦纳的人类发展生态学理论指出，人的发展受到与其直接或间接联系的生态环境制约，人不断成长并时刻重新建构其所在的环境。与发展过程相联系的环境包括即时的情景和情景之间的相互联

系。幼儿期是情感体验迅速发展的时期，幼儿心灵敏感，易于接收并放大别人的信息，因此幼儿需要一个富有积极情感色彩的环境。

幼儿教师创设和管理环境的能力是幼儿教师专业能力的重要组成部分。人本主义心理学家罗杰斯（Carl Ransom Rogers）指出，心理的安全和自由是促进儿童发展的两个主要条件，教育的作用是提供一个安全、自由、支持性的心理环境，教师应该扮演促进者、协作者和伙伴的角色。幼儿教师对环境的管理可以帮助幼儿调整思想观念和行为，促进幼儿的社会化发展进程，使幼儿逐步形成遵守群体生活规则的愿望和习惯。

 **知识卡片**

> 罗杰斯以促进儿童身心自由健康发展为宗旨，主张教育顺应儿童的天性，尊重儿童的需要，认为"我们需要无条件的积极关注来接受我们人格中的所有方面"。在这种条件下，孩子就会觉得不需要隐藏可能会引起爱的撤销的自我，他们就可以自由地体验全部的自我，自由地把错误和弱点都纳入自己的自我概念中，自由地体验生活，即为儿童创造安全、宽松、自由并且允许出错的心理环境有利于儿童的发展，涉及儿童整个人（包括情感与理智）的自我发起的学习，是最持久、最深刻的。"成功的教学依赖于一种真诚的理解和信任的师生关系，依赖于一种和谐安全的课堂气氛。"师幼"双主"作用的协同发展，是教师立足于幼儿的实际，支持幼儿主动探究，激发幼儿学习兴趣，鼓励幼儿创造，使幼儿敢说、会说，敢疑、善疑，从而养成思辨质疑能力和崇尚真理的态度。因此，教师要善于创设民主、平等、和谐的教学情境和学习氛围。
>
> （资料来源：曾德琪，《罗杰斯的人本主义教育思想探索》，《四川师范大学学报（社会科学版）》2003年第1期，第43～48页，有改动。）

### 三、幼儿园班级心理环境创设和管理的措施

#### （一）树立新型教师观，科学定位师幼关系

1. 良好师幼关系的特征

师幼关系是幼儿园教育关系中最主要的关系，教师与幼儿之间的互动是班级人际互动的核心。教师与幼儿的感情是幼儿心理健康发展的纽带，教师的教育态度、语言和行为是影响师幼关系的主要因素，在某种程度上，幼儿教师的性格、修养、言行举止可以决定班级人际关系和谐与否。幼儿教师被赋予了"替代父母"的独特角色定位，一方面要承担教育者的教书育人职责，另一方面要像父母一样给予幼儿无私的关怀与尊重。回归具体教育情境，良好的师幼关系具有以下两个特征。

（1）主体交互性。师幼交往的过程中双方互为主体，彼此尊重。教师要尊重幼儿身心发展的特点，尊重幼儿的个体差异，保障幼儿能在班级中快乐而有尊严地生活。"教育学的权威是学生给予教师的责任"，教师要辩证地看待自己的权威，淡化社会角色意

识，找到师幼双方互为主体的平等状态，重视幼儿在活动中的参与权和话语权，耐心、宽容地观察和倾听幼儿。同时，也要承认和尊重教师在幼儿价值引导和知识渗透方面的重要作用。

（2）情感交互性。以情感为导向的师幼关系强调教师要关注每个幼儿的发展变化，用无私的情怀接纳每个幼儿，帮助幼儿建立自信心和成功感。《纲要》指出："幼儿园的教育是为所有在园幼儿的健康成长服务的，要为每一个儿童，包括有特殊需要的儿童提供积极的支持和帮助。"教师应该关注所有幼儿，关注幼儿的教学活动和生活活动，关注幼儿学习发展的过程和结果。教师职业的道德感和使命感要求教师接纳幼儿的个体差异，接纳幼儿成长过程中的"错误"行为，要耐心了解过失行为背后的动机，用积极的方式回应，帮助幼儿进行行为矫正。在承认和尊重差异的基础上，用发展的眼光肯定幼儿的进步，激励幼儿不断成长。教师得到幼儿的信任和爱戴能够进一步夯实教师的权威，使得工作更为得心应手，在自我实现的道路上行稳致远。

学有所思

结合良好师幼关系的特点，谈谈如何在班级环境创设中体现主体交互和情感交互。

**2. 建立和维护良好师幼关系的做法**

（1）重视幼儿的主体地位，做幼儿的倾听者和观察者。教师首先要更新自身理念，把幼儿看成独立的个体，承认和尊重幼儿的平等地位，不以教师权威压制幼儿。其次，摒弃心中预设的标准答案，创设师幼自由对话的环境，鼓励幼儿大胆地表达自己的想法。最后，教师应该关注每个幼儿的参与度，给予每个幼儿对话的机会。以教学活动为例，在活动目标的制订上注重幼儿的已有经验和个体差异；在活动内容的设计上有意识地让幼儿参与选择，以儿童视角选择和理解学习素材；在活动过程中留给幼儿足够的创造机会和想象空间；在教学评估上注重技能性、知识性目标达成的同时，重视幼儿能力与情感方面的发展。

（2）关注幼儿的情感需求，做幼儿的支持者和引导者。教师建立以爱护、情感和幼儿内在接受为基础的权威，需要做到以下两点：一是关注幼儿的情感需求。幼儿每天会遇到不同的问题从而产生不同的情绪，渴望得到教师的关注。教师不能只完成工作任务，漠视幼儿的情感需求，应当关注幼儿在教学活动、学习活动和生活活动各方面的情感需求。教师的回应可以是肯定的眼神、会心的微笑、赞美的手势、表扬的言语等，这些都能让幼儿感受到教师的重视，使幼儿更愿意与教师分享内心世界。二是对幼儿进行科学的、适当的支持与引导。教师与幼儿之间建立一定的规则，既可以避免幼儿对教师过度的依赖，又使得教师在兼顾教学任务的同时可以有度地关心幼儿生活和学习，在理智和情感之间找到平衡。

（3）增强幼儿的自主性体验，做幼儿的合作者和促进者。教师要学会放手，才能保障幼儿在班级活动中的主体性体验。教师是幼儿成长道路上影响深远的重要他人，而幼儿渴望得到教师的信任，并被教师"委以重任"。教师要在教育观念和态度上相信幼儿的学习能力、探究能力、解决问题的能力和自我教育的能力，在行动上有目的地鼓励幼儿参与班级环境创设、班级制度制定、班级事务管理和良好班风维持等各项活动，促进幼儿获得真正的发展。

### （二）多方位入手，建立友爱互助的同伴关系

同伴交往是幼儿园班级生活的一大重心。幼儿间合作增加，可以减少拒绝行为和冲突行为，使全体幼儿较好地参与各类活动，逐步形成良好的班级氛围。教师的具体做法如下。

#### 1. 创设有利于引发幼儿互动的物质环境

时间和场地是幼儿进行交流的物质基础，活动形式和活动材料是影响幼儿合作行为的重要因素。教师要保障幼儿有充足的时间和足够的场地进行互动，并通过活动形式变化和材料的投放，鼓励幼儿广泛交往，扩大幼儿的朋友圈。

#### 2. 教授幼儿必要的同伴交往技能

良好的交往态度和技能是建立同伴关系不可缺少的。合作是幼儿社会化的重要表征，也是社会生活中重要的人格特质，必要的社交技巧可以促进幼儿间的合作。教师要教会幼儿正确地表达自己的情感、以积极的方式对同伴提要求等必要的社交技能。教师要建立、完善和调整同伴关系的基本规范，使幼儿通过自我服务和为他人服务，逐渐改变"自我中心"的心理状态，学会尊重他人、关心他人和帮助他人。

#### 3. 关注幼儿同伴交往的表现

教师要细心地观察幼儿在与同伴交往中的表现，必要时进行干预和指导。同伴冲突是幼儿之间不可避免的重要交往形式，教师可以指导幼儿从实践中找到合理解决冲突的策略，帮助幼儿形成观点采择能力，学会协商、互助，增长社会经验和增强规则意识。

### 案例探索

正上中班的兰兰有一个好朋友，名字叫果宝，她们每天都会在一起玩耍。这天，她们在娃娃家里发生了争吵。果宝叉着腰生气地说："为什么每次你都要当妈妈？可我再也不想当小宝宝了。"兰兰说："我喜欢扮演妈妈，想要一直当妈妈。"两人吵得不可开交，谁也没有说服谁。果宝一气之下伸手推倒了兰兰。

这件事引起了教师的注意。教师经过观察发现班级中有许多孩子都很喜欢到娃娃家玩，但娃娃家的场地只能容纳2～3人，时常发生争抢角色的情况。于是教师拓宽了娃娃家的场地，现在的娃娃家能容纳5～6人；增设了角色转盘，小朋友们可以扮演转盘转到的角色，也可以协商交换。

【分析】该教师关注幼儿同伴交往的表现，未武断地制止幼儿冲突，而是多次观察之后找到问题所在，从根源上解决了同伴冲突的问题；创设了有利于幼儿互动的物质环境，拓宽了娃娃家，让幼儿有足够的场地进行互动，还增设角色转盘，通过材料投放鼓励幼儿广泛交往，扩大幼儿的朋友圈。

## （三）协同家长，共同助力幼儿成长

家长为幼儿营造优良的家庭成长环境，承担着照料和养育幼儿的责任，对幼儿身心发展影响巨大，间接地参与了幼儿园班级心理环境创设与管理，是其中不可或缺的重要因素。教师与家长形成合力时能够发挥最大的教育效果。教师应主动服务，为家长提供高质量的育儿教育；家长应树立正确的教育观念，掌握科学的教育方法，与教师互相理解、互相促进、互相结合，同心协力培养幼儿。

### 行动研修

## 设计小班的自然角

某小班结合春天的季节，预计开启"种豆豆"的班级主题课程，为此特别申请了一块小菜园来种豆豆，并思考在此基础上创设班级的自然角。请结合小班幼儿的年龄特点、能力发展水平和教师的预设目标，思考该自然角的创设与管理。

### 一、任务目标

（一）总体目标

能结合幼儿的身心发展特点和兴趣爱好、发展需要等创设物质环境的创设。

（二）具体目标

1. 了解和分析小班幼儿的身心发展特点和需要。
2. 能够结合幼儿的能力水平和最近发展区创设物质环境。

### 二、任务要求

1. 根据相关资料梳理小班幼儿身心发展特点，着重梳理幼儿当前的科学能力水平和最近发展区。
2. 梳理主题课程与种植区的经验结合点，有效衔接课程与活动区学习。
3. 用环境创设和游戏材料支持幼儿在种植区的学习，考虑环境创设中的主体性、安全性、趣味性、教育性、美观性、互动性、动态性。

### 三、情境任务

（一）豆豆没发芽怎么办？

播种豆豆是容易的，但因为各种原因豆豆可能不会发芽，这时教师如何支持幼儿观察探究豆豆没有发芽的原因呢？比如将豆豆种植在透明的塑料瓶里，可以看到豆豆是否发霉、发芽等。

（二）豆豆被吃掉了怎么办？

幼儿园生态环境通常不错，因此也容易有小鸟等小动物，小动物可能偷吃豆豆，那么如何保护这些豆豆呢？

（三）豆豆应该怎么照顾？

小班幼儿要长期照顾豆豆，需要教师提示或者环境暗示。教师应该在物质环境中用何种方式提示幼儿照顾豆豆呢？

## 在线测试

1. 【2022·上】幼儿园创设物质环境时首先应考虑的要求是（　　）。
   A. 经济性　　　　　B. 安全卫生性　　　　　C. 功能性　　　　　D. 美观性
2. 【2017·上】幼儿园环境创设中，使用易于识别的生活行为规则标识图，其最主要的目的是（　　）。
   A. 美化环境　　　　　　　　　　　　　B. 便于幼儿看图说话
   C. 便于幼儿认识各种符号　　　　　　　D. 便于幼儿习得生活技能和行为准则
3. 【2022·上】简述积木游戏对幼儿发展的价值。
4. 【2020·下】材料分析：教师为幼儿制作了一列"小火车"，在每节车厢上分别贴了不同品种与数量的"水果"标签，要求幼儿能按标签投放"水果"。雪儿看看标签，然后往不同的车厢装进与标签品种一样的"水果"，每节车厢都装满了"水果"；莉莉看看标签，用手点数标签上的"水果"，嘴里还念着数字，然后拿出相应品种和数量的"水果"放进车厢；民民看看标签，就取出相应品种和数量的"水果"放进车厢，然后看着车厢里的"水果"自言自语道："嗯，都放对了。"

   （1）根据上述三名幼儿各自的表现，分析其数学能力发展的水平。

   （2）该材料对教育的启示是什么？
5. 【2021·上】材料分析：教师为幼儿制作了一个玩具灶，投放了羽毛、棉花、小木棒、乒乓球等不同材质的物品和扇子，让幼儿猜测哪些物品能被风吹起来并进行验证。

   小牛猜想羽毛和棉花能飞起来，就开始扇风，结果发现他们确实能飞起来。他使的劲大了，发现乒乓球也飞起来了。旁观的小雷惊讶地说："原来用劲儿扇乒乓球也能飞起来呀！"

   游戏中小牛和小雷都在学习吗？请分别说明理由。
6. 【2014·上】大一班开展识字比赛，教师为此创设了班级墙面环境（图1-2-20）。请根据环境创设的基本原则，对材料中的识字比赛环境创设进行解析。

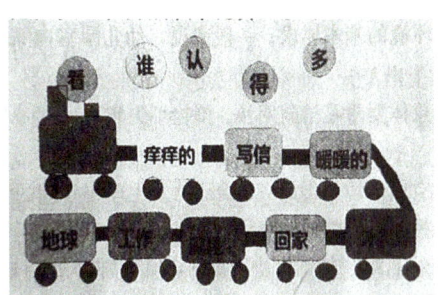

图1-2-20　班级墙面环境

## 课后学习指导

1. 桑德拉·邓肯、乔迪·马丁、萨莉·豪伊著，马燕、马希武译，《儿童视角的幼儿园班级环境创设》，中国轻工业出版社2020年版。

2. 刘焱、潘月娟主编，《中国幼儿园教育环境质量评价量表》（全三册），北京师范大学出版社2019年版。

 评价反思

### 模块一 项目二 学习情况评价表

| 评价项目 | | 评价标准 | 状态水平描述 | | |
|---|---|---|---|---|---|
| | | | 自我评价 | 小组评价 | 教师评价 |
| 学习内容评价 | 班级物质环境创设 | 1. 能否理解幼儿园班级物质环境创设对幼儿发展的重要意义 | | | |
| | | 2. 能否在设计幼儿园班级物质环境创设方案时融入创设的基本原则 | | | |
| | | 3. 能否表述幼儿园班级物质环境的各部分内容应考虑的创设要点 | | | |
| | | 4. 能否应用创设幼儿园班级物质环境的理论指导实践 | | | |
| | 班级心理环境创设 | 1. 是否准确理解幼儿园班级心理环境的概念 | | | |
| | | 2. 能否说出良好师幼关系的特征 | | | |
| | | 3. 能否分析案例中幼儿园班级心理环境创设和管理的优缺点 | | | |
| 学习表现评价 | 学习态度 | 1. 是否认真学习本项目内容 | | | |
| | | 2. 是否积极参与课堂讨论和小组活动 | | | |
| | | 3. 是否认真完成各主题后的练习题和拓展实践 | | | |
| | | 4. 是否积极思考并主动向同学和保教人员请教问题 | | | |
| | 学习能力 | 1. 能否运用本项目内容结合实际思考幼儿园班级物质环境创设 | | | |
| | | 2. 能否结合本项目内容对幼儿园班级物质环境创设的有效性进行反思 | | | |
| | | 3. 能否主动查阅相关书籍进行拓展阅读 | | | |
| 综合评价 | 自我评价：<br>小组评价：<br>保教人员评价： | | | | |

# 模块二
# 幼儿园班级的日常管理

 **模块情境**

  小莉十分喜欢小孩。毕业后，她选择当一名幼儿教师。刚开始，她协助其他老师一起工作，做得很不错。有一天，班主任有急事来不了，让小莉做来园接待，小莉很有信心地答应了。小莉起了个大早，等待家长送小朋友来幼儿园，可是这一天对她来说简直是一团糟：她刚刚把一个小朋友的书包放到储物柜，那边两个小朋友就打起架来；刚劝好架，又有小朋友把汤洒了……小莉想不通，为什么看别的老师做起来井井有条的，到了自己这里就顾了这头丢了那头，累得疲惫不堪呢？

  为什么小莉会感到疲惫不堪？如果是你会怎么办？

幼儿园班级管理

## 项目知识框架

- 幼儿园班级的日常管理
  - 幼儿园一日常规管理
    - 理解幼儿园班级一日常规的内容与要求
    - 建立幼儿园班级一日常规
      - 一日常规重点环节
      - 一日常规技巧要点
      - 建立班级一日常规
  - 班级安全管理
    - 安全组织班级一日活动
      - 入园环节的安全管理
      - 喝水环节的安全管理
      - 如厕盥洗环节的安全管理
      - 服药环节的安全管理
      - 进餐环节的安全管理
      - 午睡环节的安全管理
      - 集体教育活动环节的安全管理
      - 户外活动环节的安全管理
      - 区域活动环节的安全管理
      - 离园环节的安全管理
    - 处理意外伤害事故
      - 班级常见意外伤害事故及预防处理
      - 公共区域常见意外伤害事故及预防处理
      - 突发事件及处理
  - 人际关系处理
    - 建立幼儿教师与幼儿的关系
      - 幼儿教师的角色定位
      - 与幼儿交往的一般方法
      - 与特殊幼儿交往的方法
    - 幼儿教师与同事之间的关系
      - 幼儿教师与同事的分工
      - 幼儿教师与同事间关系的定位
      - 幼儿教师与同事交往的原则
  - 班级其他事务管理
    - 班级物品管理
      - 班级物品管理的含义
      - 班级物品管理的意义
      - 班级物品管理的主体
      - 班级物品管理的对象
      - 班级物品管理的原则和方法
    - 班级文案管理
      - 班级文案管理的含义
      - 班级文案管理的意义
      - 班级文案管理的对象
      - 班级文案管理的原则和工具
    - 班级信息管理
      - 班级信息管理的含义
      - 班级信息管理的意义
      - 班级信息管理的内容
      - 班级信息管理的原则和工具

模块二　幼儿园班级的日常管理

# 项目一　幼儿园一日常规管理

## 内容导读

本项目详细介绍了幼儿在幼儿园一日活动中所涉及的各个环节，从入园到离园的完整流程，包括每个环节的内容和具体要求；同时，还探讨了教师在班级管理过程中如何建立常规，以确保幼儿在明确的流程和稳定的班级规则中度过每一天。在建立了规范的活动环节流程和稳定的班级规则后，幼儿能更好地适应在园的每日生活，养成良好的生活和学习习惯。各活动环节的阐述重点是管理内容规划和教师管理的注意事项，旨在为高质量的幼儿园班级工作管理提供有效的指导和支持。

### 任务一　理解幼儿园班级一日常规的内容与要求

#### 学习目标

认知目标：了解幼儿园一日生活中重点环节的常规管理内容，每个环节的具体要求和建立相关常规的操作方法。

技能目标：能针对各年龄段班级建立幼儿学习生活所需的班级常规，合理安排各环节时间和任务内容，利用多种方式有效建立班级常规。

情感目标：建立对班级管理一日常规正确的价值观和道德观。

思政目标：遵循国家教育政策，深入理解教师在班级常规建立和管理方面所需的情绪能力和管理能力，提升工作效率。

#### 基础知识

一、一日常规重点环节

 知识卡片

《纲要》在不同领域的目标和内容中都提到与一日常规生活活动相关的内容，例如：

> "健康"领域
> 
> 目标2：生活、卫生习惯良好，有基本的生活自理能力。
> 
> 内容与要求2：与家长配合，根据幼儿的需要建立科学的生活常规。培养幼儿良好的饮食、睡眠、盥洗、排泄等生活习惯和生活自理能力。
> 
> "社会"领域
> 
> 目标3：理解并遵守日常生活中基本的社会行为规则。
> 
> 内容与要求4：在共同的生活和活动中，以多种方式引导幼儿认识、体验并理解基本的社会行为规则，学习自律和尊重他人。
> 
> 幼儿从入园的那一刻起直到离园，生活活动就贯穿于幼儿的一日安排中。规则是自律的前提和基础。有序、规律的生活不仅有利于幼儿建立生活卫生习惯、习得良好的自理能力，也有利于幼儿与同伴和成人建立良好的社交关系。生活活动并非简单的过渡环节，在点滴的细节中，幼儿都在学习着最基础的生活能力和与自己、与他人共处的能力。

（一）入园

1. 入园的内容与要求

（1）晨检。正式进入幼儿园前，教师应根据标准化的晨检制度，对幼儿进行问候和身体检查，根据幼儿的体温、面色、精神状态、咽喉部体征等，对幼儿当日的健康状况进行基本判断，并了解幼儿是否有服药、饮食忌口等特殊需求。

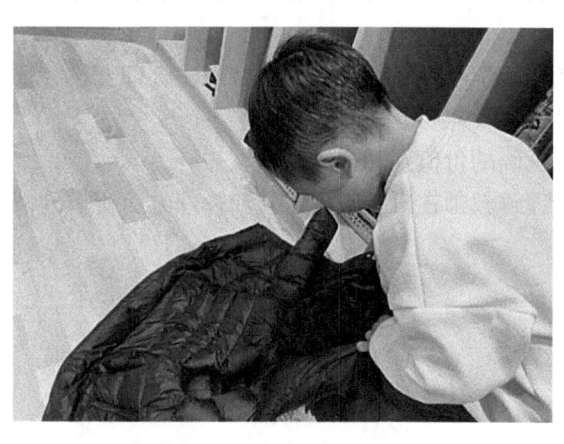

图2-1-1 幼儿整理和摆放外套

（2）整理个人物品。大多数幼儿园都建有方便幼儿自己整理物品的储物柜或鞋柜，入园时，幼儿要将个人物品放在自己的储物柜中。幼儿学习将自己的物品摆放在正确的位置，有助于幼儿了解自己和他人的区别，知道在集体生活中如何照顾自己。为适应室内外温差，幼儿需要根据季节和温度换外套、背心（图2-1-1），教师可以在入园时提醒幼儿有意识地体会自己身体的感觉，并依照身体感受到的冷或热换合适的衣物。

（3）如厕和洗手。在幼儿入园时或进入班级教室后，教师应提醒幼儿洗净双手，若有需要可以如厕。幼儿通常在进入教室后开始游戏，因此，养成入园先洗手的好习惯有利于维持班级环境的卫生。教师应注意，受家庭习惯影响，幼儿入园前会有不同的生活习惯，教师在不确定幼儿入园前活动的情况下，可以提醒部分幼儿及时如厕，确保幼儿的生理需求得到照顾。如厕的提醒，对于托班和小班的幼儿，以及处于分离焦虑期的幼儿尤为重要。每天固定的入园如厕和洗手，能给幼儿"缓冲"的时间，通过简单的"小仪式"，幼儿可以获得安定感。处于分离焦虑期的幼儿，身体也时常处于紧张状态，会有不少幼儿出现憋尿的情况。教师可以额外提醒这样的幼儿尝试入园先排泄，帮助他们适应幼儿园生活，并形成规律的排泄习惯。

2. 入园的操作建议

（1）入园仪式。在进入教室时，教师可以创立属于自己班级的入园小仪式。例如，在门口的角落摆放欢迎幼儿的装饰，将每个幼儿的照片和名字摆放出来，幼儿可以通过将装饰物放在自己照片处，表示自己已入园。类似的小仪式能够给幼儿带来归属感，认识到自己是班级集体的一员，自己的出勤是得到关注和重视的。同时，幼儿在自己签到时也可以看到其他幼儿的出勤情况，这对幼儿的社会性发展有益。在幼儿新入园的阶段，签到小仪式能够帮助幼儿认识和熟悉自己的同班同学；在熟悉幼儿园并有了好玩伴后，幼儿会关注自己的同伴是否到达，自然而然地开始期待和同伴玩耍，从而逐渐适应集体生活。

（2）温暖问候。教师迎接幼儿入园的状态对幼儿起到了欢迎、安慰、欢迎等诸多作用。教师每天的温暖问候能够安抚幼儿的情绪，每天被欢迎的感觉让幼儿更有安全感，幼儿也从这最基础的人际互动中，自然地学习到在社交场景中与人见面应该要打招呼问候，这是有礼貌的行为。要注意的是，有的成人会要求幼儿在与人见面时"必须"打招呼，态度紧张、坚持且偏严厉。这样的状态可能造成幼儿退缩，产生更多焦虑情绪，对打招呼的行为多了一些担心，严重的甚至会影响到幼儿在其他社交场景下的表现和入园积极性。反之，温暖的问候会给幼儿被接纳的感觉，打招呼本该是自然发起的，而不是刻意表现的，因此，如果幼儿表现腼腆、退缩，可以给幼儿足够的空间去适应，不用急于催促或反复示范。

（3）家长沟通。若教师在入园时间可以接触到幼儿家长，也可以利用这一时间段和家长进行沟通交流，了解幼儿当日的需求，分享日常的家庭生活和幼儿园生活。家长工作是教师工作的重要组成部分，入园时间的交流通常不仅仅是教师和家长一对一的沟通，而是有幼儿在场的三方沟通。幼儿会从家长和教师的对话中听到很多的信息，三方之间的互动也会影响幼儿对不同人际关系的理解。因此，教师可以有意识地在这样的沟通场景下，向家长了解幼儿在家的生活，注意把控和维持对话的正面导向，把握机会多多鼓励幼儿、表达关切，防止这宝贵时间不小心变成小型批评会。

（二）盥洗整理

1. 盥洗整理的内容与要求

（1）养成正确洗手习惯。幼儿的良好卫生习惯需要在幼儿园和在家庭每日生活中逐渐习得和培养，其中学习正确的洗手方法尤为重要。幼儿养成良好卫生习惯，能够提高自我保护能力，也是预防疾病传播的坚实基础。除了"七步洗手法"之外，洗手前和洗手后的习惯也需要被重视（图2-1-2）。在洗手前，幼儿应拉起自己的双臂袖口以防袖口被水沾湿；洗手后则建议建立轻甩双手的习惯，并用毛巾擦拭干净。水是幼儿非常喜欢的自然物，很多幼儿喜欢在洗手时用小手抓握、探索水的特性，因而容易把水溅到地上；洗完的双手若不断滴水到地上，也容易导致路面湿滑。出于集体生活的安全考虑，简单的甩手、擦拭小习惯可以降低安全风险，也能够增强幼儿的集体安全意识。

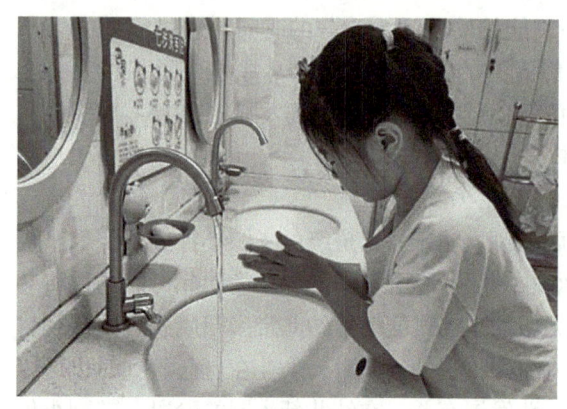

图2-1-2　幼儿学习正确洗手

（2）整理仪容。整理自己的仪容仪表是幼儿学习自我管理的重要一环。在幼儿园生活中，如厕、午餐、午睡后，或更换衣物时，幼儿都需要在教师指导下学习整理自己的衣物和仪容。整理时，幼儿可以利用镜子、毛巾、梳子等工具来辅助自己。冬天衣物厚重，教师除了动作示范，也可以提醒幼儿用眼睛仔细观察自己的身体部位，鼓励幼儿感受身体的舒适度，慢慢学会自主调整。

2. 盥洗整理的操作建议

（1）合适的示范。教师以身作则，自己做出正确示范，对幼儿良好习惯的养成起到很好的榜样作用。幼儿热爱观察，教师和幼儿生活在同一个空间，幼儿可以很快注意到教师的一言一行，并模仿教师的行为。比起单一的教学，教师对自身的良好照顾，也会传递给幼儿。根据幼儿的年龄特征，教师需要制订符合幼儿认知和肢体能力的目标，循序渐进地指导幼儿学习、掌握基本技能，并在每日的幼儿园生活中维持相对一致的班级规则，形成生活常规。

（2）营造家一样的环境。幼儿的学习始于生活而落于生活，因而教室的环境布置可以模仿家庭的环境。在盥洗的空间，除了常见洗护用品外，可以增加布置多个适合幼儿高度的梳妆镜、毛巾架、梳子、保湿霜等辅助工具，供幼儿在不同的生活场景下选择使用。

（三）如厕

1. 如厕的内容与要求

（1）如厕训练。对于2～3岁幼儿来说，如厕是非常重要的学习内容。根据0～6岁不同年龄段幼儿的发展特点，对于暂未养成自主如厕习惯的幼儿，不论幼儿是否有实际的排尿或排便需求，教师都可在固定的时间节点提醒幼儿尝试如厕，即"坐坐马桶，用用力"。通常会将如厕安排在入园时、运动或饮水前后、餐点前后、午睡前后和离园前。幼儿一方面要适应幼儿园的排便时间，另一方面要适应幼儿园的小马桶或和家里不一样的排便器。在非固定排便时间，若幼儿用肢体语言或口头语言表达了自己的排泄需求，教师均应积极回应，并鼓励幼儿能够主动表达自己生理需求的行为。若幼儿还需要使用尿片，教师可与家长积极沟通配合，根据幼儿排泄前后的肢体和语言表现，判断该幼儿的发展阶段，并在合适的时机逐渐过渡到取走尿片。

 知识卡片

因幼儿生理发展特点，在幼儿园阶段，偶尔尿裤子是很正常的现象，教师需要营造接纳、理解的氛围,切忌通过表情、语言或动作表达过多的惊讶、否定或嘲笑等。若幼儿在如厕方面感到过度羞耻,容易产生不安情绪,可能会加剧排泄困难,甚至影响社交。若幼儿尿湿裤子总是出现在固定时间、固定场合,或每日次数过多,则教师需要予以额外关注,及时和家长沟通,在有需要时积极就医检查。

在一日常规管理中,教师可尝试将小意外作为常态化管理的内容,将其化为班级常规建立的一部分,这样就不用因为每个特殊事件都特别对待而手忙脚乱。教师班组之间提早沟通,明确每名教师的当日职责,处理好"走位"的问题。

以尿湿裤子情况为例:当幼儿尿裤子时,教师可以按照已有的计划快速反应,分工合作,一名教师继续照顾全班幼儿,另一名教师则承担起个别照顾的责任。教师首先要维持自己的情绪稳定,同时注意安抚幼儿情绪,给出相对平淡的反应。班级中的其他幼儿也可能会看到尿裤子的场景,并出现一系列连锁反应,可能出于想提供帮助、不理解等原因,对尿裤子的幼儿会产生更多的关注、议论。照顾全班幼儿的教师可以观察集体互动的氛围,在有需要时介入幼儿之间的互动。

(2)排泄。根据幼儿的生理特性,幼儿园有三种常见的如厕设施——马桶/坐便器、站便器和蹲便器。排泄的时间也是进行性别教育的良好契机。教师需要注意让幼儿分性别如厕,并带领幼儿理解不同设施的区别、功用和使用方式,及其与不同性别之间的关系。

(3)整理衣物、擦拭顺序和冲厕。入园后,幼儿需要学习自己为自己服务。教师在幼儿如厕前后,应悉心观察幼儿自我服务的行为表现,在需要时通过语言指导幼儿整理自己的衣物。幼儿应学习在小便后用纸巾擦拭的动作;而在大便结束后,幼儿需要知道及时告知教师来帮助自己擦拭;中、大班幼儿可以逐渐学习大便后自己擦的方法,为将来步入小学做好准备。如厕完成后,幼儿应主动冲厕,维持设施卫生,并在冲厕后及时洗手,做好个人清洁。

2. 如厕的操作建议

(1)适度的指导。除了准备好如厕所需的各种清洁用品外,教师应了解班级幼儿个体能力的差异,根据幼儿个体差异进行支持。教师不包办,对幼儿自理能力的培养、自信心和自我效能感的增强有很大的帮助。因此,教师应主要采取语言上的帮助、提醒和鼓励,并预留充足的时间给幼儿解决问题,鼓励幼儿思考,如:"拉起裤子前,还要做什么呢?"对于家中包办情况较多的幼儿,教师可以多多鼓励幼儿"能够自己做到",使幼儿产生自我服务的意愿和树立独立意识,加强家园沟通,帮助幼儿养成好习惯。

(2)情绪状态。教师应保持正面的情绪状态,不着急、不催促,这能够给幼儿带来较好的如厕感受,对幼儿的身心健康有积极的作用。如厕训练中的幼儿,常出现因对如厕设施不熟悉、不习惯而不愿排泄或出现失误的情况。教师可以针对幼儿的情况对设施进行小改变，站在幼儿的视角帮助幼儿逐步适应在幼儿园如厕。例如：男孩不熟悉站便器的使用，容易尿到外面，教师可以在站便器上贴上小花草的图样，引导幼儿对准"浇花"；低龄段幼儿担心自己坐不稳，会掉进马桶，教师可以在隔间旁增加小栏杆，让幼儿扶着更有安全感。幼儿如厕不熟练时常会出现小失误，教师也应允许幼儿失误的发生，可以鼓励安慰幼儿、不责备，并带领幼儿回忆和总结经验。

（3）观察记录。教师对幼儿排泄情况的观察记录，能够帮助教师和家长及时了解幼儿的身体健康状况，实现对幼儿的健康管理。幼儿同样会在此过程中，学习如何了解自己的健康情况，进而在未来更好地管理自己的身体。

（四）用餐和饮水

1. 用餐的内容与要求

（1）餐前准备。根据幼儿园卫生消毒制度，教师班组应该安排足够的时间仔细消毒用餐场所和用餐用具。幼儿应在用餐前用肥皂或洗手液洗净双手。

（2）均衡膳食。幼儿的进食量各不相同，在幼儿生长所需营养摄入量有保证的情况下，教师可以与个别家长提前沟通，根据个别幼儿的健康管理需求和进餐习惯，调整幼儿的饭菜量和进食顺序，帮助幼儿养成良好的饮食习惯，让幼儿愿意尝试不同类型的食物，均衡营养，不浪费食物。教师应该关注幼儿一日的进食量，从更宏观的角度度量幼儿在午餐和点心时间需要摄入的量和品类。教师可以邀请幼儿自己端走餐盘和餐具，为自己服务；年龄大一些的幼儿在教师的指导下，也可以尝试自己盛饭菜，有意识地感知自己当日所需要的饭菜量和个人喜好，为自己做出正确而合适的选择。当幼儿能够做出适合自己的选择后，才能真正长久地为自己未来的健康负责任。

（3）进餐。进餐是展开食育的好机会，教师可以介绍食物的名称、食物的来源，聊聊不同食物的口感及其对健康的益处。幼儿需要学会文明用餐的礼仪，教师须注意当地文化背景和幼儿家庭文化背景，教授幼儿实用的用餐社交技巧，让幼儿在用餐时学会尊重和礼貌。

（4）餐后清洁。幼儿需要在用餐后清洁面部、口部、衣物、桌面和地面。教师应提供毛巾、纸巾、漱口杯、垃圾桶等物品，方便幼儿学习如何清洁自己和用餐环境。

（5）食物过敏和特殊忌口。教师务必提早向家长了解幼儿的食物过敏情况，并关注幼儿每日晨检情况，确保和保健老师、备厨人员及时同步相关信息，遵守相关规章制度，保障饮食安全。

2. 用餐的操作建议

（1）环境氛围。进餐环境会影响幼儿用餐。舒适的环境能够让幼儿在更好的情绪氛围中享受美食。教师可以播放轻柔的音乐，关注幼儿良好的用餐行为，并及时予以鼓励。

（2）用餐行为。用餐速度方面，教师应建议幼儿细嚼慢咽，但要保持合适的速度，太快或太慢都可能会对身体健康造成影响。挑食、包饭（长时间咀嚼不咽）、易呕吐、不用磨牙咀嚼、进食专注力低等，都是教师需要别关注和留意的。幼儿出现这些行为，可能是生理、心理、养育环境原因，或是多种因素长期交互影响导致，教师需要长期观察，并与家长多多沟通。在了解全面情况后，再针对性地制订干预方案，帮助幼儿改变用餐习惯。通过催促、逼迫、喂饭、责备或嘲讽来迫使幼儿改变进餐行为，容易造成不利影响。

（3）用餐礼仪。幼儿的用餐礼仪，是食育非常重要的部分。教师需要根据文化背景，在用餐时间通过亲自示范、讲解礼仪在社交场景下的重要性等多种方式，教授幼儿得体的用餐礼仪。基本内容包括坐姿端正、餐具摆放位置正确、正确使用餐具、对食物和食物提供者的尊重、用餐期间的社交和用餐卫生等。为适应丰富多样的饮食文化，幼儿需要学习不同餐具的使用方法。教师可在幼儿不同的年龄阶段，给予幼儿丰富的餐具使用体验，托、小班幼儿可以学习使用夹子、勺子和叉子，中、大班幼儿可以学习筷子、刀叉的用法。不同餐具对应的用餐容器以及摆盘方式也各有不同，教师可以根据饮食文化进行不同的搭配，如刀叉搭配盘子、筷子搭配碗。特别的文化体验可以很好地拓宽幼儿的视野。

3. 饮水的内容与要求

（1）饮水安全。教师需要为幼儿提供清洁卫生的装水容器和清洁的饮用水，并维持合适的水温，不应过烫或过凉。

（2）定时饮水。教师应提醒幼儿在固定的时间饮水，养成及时补充水分的好习惯。通常定时饮水会安排在一日生活的餐点时间、运动中和运动后，以及午睡后，保证一日多次，时间分布相对平均。

（3）监督饮水情况。教师应密切关注幼儿每天的饮水情况，确保幼儿饮水量足够，特别在天气炎热或幼儿运动活动量较大的情况下，教师应注意提醒幼儿额外增加饮水。教师还需要关注幼儿的饮水习惯，鼓励幼儿多多饮水，多喝白水。

### （五）午睡

1. 午睡的内容与要求

（1）环境准备。教师在午睡前需要提早准备幼儿的睡房，准备合适的儿童床和舒适的被褥；幼儿床位固定、不混用；建议睡房温度保持在20～24℃，窗不密闭，有新鲜空气流动；空气湿度适宜；拉下窗帘，在幼儿全部睡下后关闭照明灯，使房间处于昏暗的状态。教师也可以播放轻缓的背景音乐或轻读故事，建立幼儿的睡眠反射，帮助幼儿入眠；而在睡前，教师可以适量放低说话音量、放缓语速，帮助幼儿逐渐进入午睡状态。

（2）睡前准备。教师需要提醒幼儿在睡前先如厕。如厕后，幼儿可以找到自己的床，脱下衣服、裤子、鞋子和袜子，扎辫子的幼儿拆下夹子、散开发绳，并将自己的物品折叠整理整齐后，铺被子准备入睡。还需要使用尿片的幼儿，教师需要在睡前给幼儿更换干净尿片。在睡前准备的过程中，教师应该鼓励幼儿自己动手，学习自理和整理的技巧方法；也可以动员幼儿同伴的力量，鼓励同伴之间互帮互助。

（3）入睡。教师可以提醒幼儿闭上双眼，减少身体移动，自己调整到最舒服的状态进入睡眠。有些幼儿喜欢在偏安静的环境中独自入睡；有些幼儿则更希望有大人温柔的哄拍或抚摸帮助入睡。教师应观察幼儿的反应，根据幼儿需求及时做出相应的调整，帮助幼儿逐渐过渡到能够自主入睡。

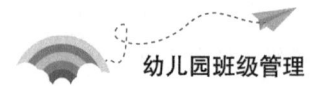

（4）起床。到临起床的时间，教师可以选用柔和与欢快的音乐作为起床音乐，将房间光线变亮，逐渐唤醒幼儿。起床后，幼儿自己穿上衣物和鞋子，整理自己的被褥，进行如厕。在此过程中，教师需要用语言鼓励幼儿自理，幼儿在每天反复的实践中，会越来越熟练，也会逐渐建立自信心。对于需要扎辫子的幼儿，教师可以予以帮助，年龄稍大的幼儿可以尝试学习自己扎辫子；对于起床有困难的幼儿，教师可以用轻柔的方式唤醒幼儿，如轻拍、呼名、握手等。

2. 午睡的操作建议

（1）预防意外。教师在午睡时间应检查并记录每一名幼儿的体温。为保障幼儿的午睡安全，在入睡准备时，教师要留心检查幼儿是否把小玩具或物件带进被褥，预防因将异物塞入耳鼻喉而导致意外事故。教师应隔一段时间就巡回检查幼儿的睡姿和身体反应，推荐幼儿维持仰卧位睡姿，避免出现被子盖住口鼻等情况，防止呼吸不畅造成的危害，谨防窒息。有的幼儿在睡眠时间可能会突发高热惊厥、小儿癫痫等特殊症状，教师最好能提早向家长了解幼儿的身体状况，若幼儿曾出现过相关情况，教师更要提前做好准备，了解学习不同类型意外的急救知识，为突发事件做好预防措施。

（2）睡眠时间。每个幼儿的睡眠节律有所不同，也会受到家庭作息、运动量、身心健康状况等的影响。通常学龄前幼儿推荐午睡0～3小时，教师应与家长及时沟通幼儿在家和在园的睡眠情况，根据幼儿的实际需求灵活调整在园午睡时长，保障幼儿每天有充足的睡眠。

（3）稳定情绪。睡前时间不建议安排激烈的玩耍，应该选择能够稳定全班幼儿情绪的活动，如缓慢地散步、讲故事、听音乐等。有些幼儿仍需要依恋物来稳定情绪，可以允许幼儿拿着，等逐渐适应，有足够安全感后，幼儿可慢慢放下依恋物。

（六）运动时间

运动前：教师在运动前，须提醒幼儿做好运动准备，换适合户外运动的衣物和鞋履，易出汗的幼儿在教师的帮助下垫好汗巾。因为运动一般在户外进行，所以教师要确保带好外出必备的生活用品（纸巾、毛巾等），再带领幼儿出发。

运动中：幼儿明确运动器械的使用规则和游戏规则后，配合教师的指令，进行户外运动，在需要收拾时自主收拾整理运动器材。当幼儿在运动中，教师需要观察幼儿的身体体征情况，若出现出汗量大、满脸涨红或喘息剧烈等现象，教师需要提醒幼儿擦汗、补充水分或适当休息。

运动后：教师可以请幼儿再次擦汗、饮水、休息，并集中带领衣服浸湿的幼儿尽快更换干爽的衣物。

（七）离园

离园准备：教师告知幼儿到离园的时间后，幼儿需要如厕，检查自己身上的衣物，收拾自己的书包，整理所有的个人物品，并更换出门的外套。教师要注意仔细检查每一名幼儿的着装是否正确，确保幼儿的个人物品没有遗失、不混淆。

接送制度：教师需要严格按照幼儿园规章制度将幼儿送到指定的监护人手中。教师需要提早和家长确认每天的接送人，若有任何的改变，必须在和家长电话沟通确认，并完成登记手续后，才将幼儿交给接送人。

家园沟通：利用离园时间，教师可以和幼儿家长沟通交流，反馈幼儿当天的生活和活动情况。

## 二、一日常规技巧要点

### （一）等待、排队、轮流

1. 内容

（1）等待。进入集体生活就会需要等待，学会等待是能够抑制自己冲动的表现，是幼儿在社会交往中的必备技能。教师要有意识地告知幼儿在什么情况下要等待以及为什么，并帮助幼儿运用好方法有耐心地等待。常见的方法有：通过唱一首歌、数几个数等来感知等待的时长，深呼吸帮助自己慢下来，在等待时间里做些其他事情，等等。在各类活动中，教师要注意让幼儿等待的时间不能过长，应根据幼儿的年龄和习惯及时调整，这样才能保障活动进展不会因幼儿等待太久而受影响。

（2）排队。排队也是生活必备技能，学习排队有助于培养幼儿的社会适应性和社会交往技能。排在队伍中，幼儿能够体会到秩序感，也能更好地理解秩序的重要性；在排队中学习等待，幼儿能明白自己的行为对整体秩序的重要性；幼儿学习排队还有助于理解时间、顺序概念，理解和尊重他人的空间需求。教师也可以通过排队的方式维持秩序，在上洗手间、走楼梯、活动分组、外出等各类情境下保障幼儿在园活动的安全。

（3）轮流。幼儿需要学习如何轮流，才能够在一日生活中维持良好的秩序。教师可以抓住一日生活中的某个契机或者创造一些机会让幼儿体验和实践轮流。轮流可以帮助幼儿建立良好的人际关系，培养耐心、包容心、合作能力和团队意识。教师在指导幼儿学习轮流时要注意从简单的任务开始做，即等待时间短、幼儿对任务内容的渴望度不是太高，并提前解释清楚轮流的做法和要遵守的规则，然后再逐渐增加任务难度。

2. 操作建议

（1）注意公平。在实操时可能会出现争抢的情况，如幼儿排队抢做第一个、轮流想自己先轮到。幼儿对常规要求会有自己的理解，也可能对某些位置赋予特别的意义，这些都是正常的情况。在此类情境下，若争抢已经影响到班级秩序、引发幼儿之间的矛盾，则教师可以首先表达对幼儿想法的理解，然后尝试特别的规则或变换指令，比如按身高排队、每天指定换排头，让不同的幼儿都有机会体验到不同角色的感受。将指令变得更为有趣、富有变化，幼儿也会更加愿意遵守规则。

（2）指令清晰。常规的养成需要简单明确的指令和解释。教师可以利用短小的指令或相关儿歌，帮助幼儿记忆和理解。例如：排队可以重点放在"请你一个跟一个"，轮流可以说"你一次、我一次"，等等。

（3）游戏练习。等待、排队和轮流都很考验幼儿的延迟满足和抑制控制能力的发展水平。抑制控制是大脑执行功能发展中很重要的能力之一。为了促进此能力的发展，教师可以经常和幼儿玩与身体控制相关的游戏。在玩这一类游戏的过程中，幼儿会格外专注，并尝试努力控制自己的身体。例如：头顶玩具不掉下，向前走障碍路；听名词，听到水果拍拍手；听到站起要坐下，听到点头要摇头，做与指令相反的动作；等等。

## （二）劳动习惯

### 1. 整理收拾

图2-1-3 幼儿自主收拾运动器材

维持班级整洁是教师和幼儿的共同责任，教师应该注意幼儿此技能的培养，利用多样的方式进行巩固并坚持实施，使幼儿能够养成及时整理收拾的劳动好习惯（图2-1-3）。收拾通常会在游戏中、后，生活活动中、后等情境下发生，如玩具玩好放回收纳的地方、饭后擦桌、用完的纸扔垃圾桶等。教师要注意在教室中张贴足够的、适合的标识，帮助幼儿能够自主一一对应物品的位置；在游戏和活动后，要确保留出足够且固定的时间用来给幼儿自己收拾教室环境，并配以相关的儿歌音乐作为指令提示；在班级中准备整理收拾的工具，如毛巾、小扫帚、纸篓等供幼儿随时取用。教师在幼儿刚入园时，就需要注意习惯的培养，年龄越小的幼儿越需要长时间的适应和多一些提醒。教师可以从亲身示范和提醒开始，鼓励幼儿及时整理的行为。

### 2. 家具移位

家具的搬动是幼儿园一日常规中常会遇到的劳动内容。移动家具不同于玩具等小物品的整理方式，通常需要根据活动的需求搬动。教师可以根据幼儿的年龄和家具的轻重大小，将部分任务分配给幼儿自己完成。例如，托班幼儿可以搬动小椅子，大班幼儿可以多人合作搬动较重的大桌子。教师需要明确活动对家具摆放的需求，常规摆放可以考虑在固定位置做记号，方便自己和幼儿辨识；给幼儿明确的指令，说明摆放方式和责任分工，以便快速、安全、高效地完成家具的移位。

## （三）基本礼仪

### 1. 礼貌用语

礼貌用语是一日常规中人际交往方面的重要板块，也是一日常规顺利开展的关键技能。在建立一日常规时，教师应多使用请求、感谢、道歉等礼貌用语向幼儿发出指令。教师的礼貌用语对幼儿有榜样作用，幼儿从教师的指令中听到了对自己的尊重，会更加愿意遵守班级规则，并且学习和模仿教师的示范，尊重他人的权利和感受。礼貌用语不仅能培养幼儿的社交技能、积极的情绪表达和沟通能力，还能帮助幼儿实现自我管理，让幼儿学会控制自己的情绪和言行，变得更加自律，从而促进班级常规的巩固。

### 2. 举手等待

在集体环境中，经常出现幼儿都想表达分享，导致全班声音嘈杂无法有效沟通的情况。幼儿需要学习通过举手来获得表达的机会，并能够在举手后愿意等待自己的机会。教师需要有明确的规则和示范。举手有三个重点：举手时不说话，请到的人能说话，没请到的人需要等待。等不及的幼儿可能会站起来或离开座位跑出来。教师除了及时提醒，还需要注意多对幼儿的合适行为进行鼓励。教师需要给予幼儿更多积极的关注，确保给每个幼儿相对公平的关注和机会。

3. 坐姿仪态

幼儿的坐姿仪态也是教师需要关注的，这是社会交往的基本礼仪之一。在集体环境中采用合适、得体的坐姿，是对他人的尊重，也是对自己身体的保护。教师需要注意自己的坐姿，以身作则，告诉幼儿什么是得体的坐姿。不论是坐在椅子上还是坐在地板、地毯上，教师都需要将社会中普遍接受的得体坐姿示范给幼儿看，并告知幼儿得体坐姿的意义所在。

## 任务二　建立幼儿园班级一日常规

### 学习目标

认知目标：了解建立幼儿园班级一日常规的方法，学习如何根据幼儿需求从多角度切入建立常规。

技能目标：能够利用多元的方式，与班级的教师和幼儿共建一日常规。

情感目标：激发对班级常规建立的兴趣，并主动投入班级管理的学习与实践。

思政目标：引导树立积极主动、严谨负责的职业道德，打造良好的学前教育生态。

### 基础知识

一、建立班级一日常规

（一）从教师和环境创设入手

1. 利用艺术和故事

（1）儿歌和手指谣。比起单纯的语言讲述，幼儿对有韵律的语句敏感度更高，且更容易理解和记忆。带有节奏或音律的短指令、童谣或儿歌，能使幼儿的注意力快速转移到教师的指令上，更高效地引导幼儿执行常规的要求，并在班级中形成积极的氛围。手指谣是搭配手指动作的一种童谣，能同时充分调动幼儿的眼、耳、口、手等，特别适用于示范和教授一些特定常规所需的自理技能，如洗手法、叠衣服步骤等。教师也可以自己创编适合本班常规演示的手指谣或带韵律的短指令，使常规的学习变得更有趣。

（2）故事。绘本故事能让内容展示更直观且易于理解。挑选与自理能力、礼仪礼貌等相关的绘本故事，可以帮助幼儿从第三视角了解和学习自我管理的相关技能，增强幼儿主动自理、遵守常规的积极性和自驱力。

 知识卡片

《纲要》提出了教师应当"科学、合理地安排和组织一日生活"：

（一）时间安排应有相对的稳定性与灵活性，既有利于形成秩序，又能满足幼儿的合理需要，照顾到个体差异。

（二）教师直接指导的活动和间接指导的活动相结合，保证幼儿每天有适当的自主选择和自由活动时间。教师直接指导的集体活动要能保证幼儿的积极参与，避免时间的隐性浪费。

（三）尽量减少不必要的集体行动和过渡环节，减少和消除消极等待现象。

（四）建立良好的常规，避免不必要的管理行为，逐步引导幼儿学习自我管理。

2. 环境中的标识

（1）家的氛围。教师可以尝试将幼儿园布置得像家一样，温馨的氛围能够帮助幼儿适应幼儿园的环境，并将家中所学的自理技能更好地迁移运用到幼儿园一日生活中，同理也能帮助幼儿将幼儿园的好习惯带回家。

（2）年龄适宜性。教师可以根据班级幼儿的不同年龄，创设更适合幼儿发展阶段的环境，辅助幼儿做到自理。例如，标识的位置应该和幼儿的视线基本持平，大小适中、内容清晰，符合幼儿的认知水平。

（3）图片和符号。图片和符号的组合符合学龄前幼儿的认知水平，可以有效提示班级规则，帮助幼儿知道班级各功能区的基本要求，知道如何将物品正确归位。教师可以在有需要的位置添加标识（图2-1-4），如区角的规则介绍、玩具柜的摆放标识等。例如：毛巾柜可以贴上干净毛巾和脏毛巾的图案标识，帮助幼儿记忆用过的脏毛巾应摆放的位置；放玩具篮的柜子可以贴上相应的图片或符号，让托、小班幼儿能够根据具象的实物图、颜色来对应物品，中、大班幼儿通常可将图片、数字、形状等符号一一对应。随着幼儿认知能力的提高，图片和符号还可以有更复杂而多样的变化。

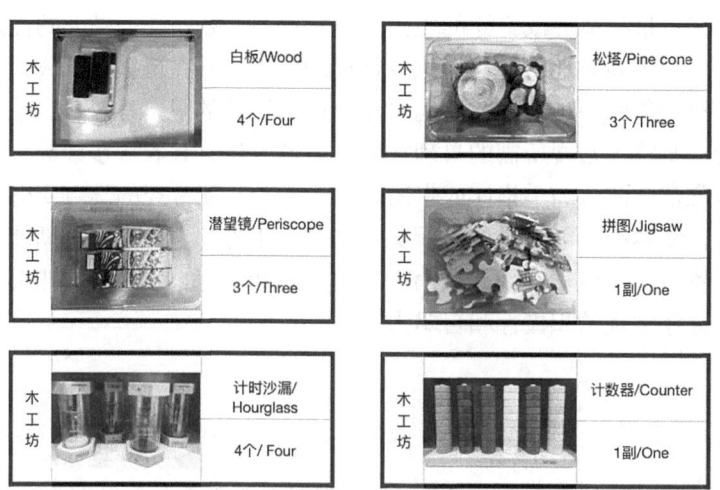

图2-1-4 木工坊标识——利用实物照搭配对应文字和数量

### 3. 一日活动安排图

幼儿园的活动丰富多样，教师可以用图示或照片的方式，将重点活动按照时间顺序贴在教室的一角（图2-1-5），方便教师与幼儿做好预期管理，清晰了解一日活动的流程和顺序。这样的设置不仅有助于新入园幼儿的入园适应，帮助幼儿逐渐建立时间观念，对活动顺序有具象的认知，还能帮助幼儿在幼小衔接阶段学习看日程安排，为后续日程提前做好准备。

图2-1-5　一日活动安排图参考

### 4. 一贯性、重复性、有理有据

一个班组的教师在建立班级常规时应该注意一贯性，不同的教师若在对班级常规的理解上表现出较大的差异，指导幼儿的过程中就容易给幼儿造成误会和混乱。因此教师之间需要提前沟通，采取一致或本质相似的管理方式。

常规的建立不是一蹴而就的，需要长期的坚持和重复，这也符合学龄前幼儿的学习规律和发展需求。因此，教师在建立常规的初期需要重复指导，耐心等待，给予幼儿足够的时间和空间来逐渐掌握和熟练常规的内容。

 **知识卡片**

**班级管理小技巧**

1. 班组分工

有特殊需求的幼儿可能在某个或多个环节出现一些困难，需要教师特别关注。教师班组需要根据情况提前确定合理的分工，确保普通幼儿和特需幼儿的需求均能得到满足。

2. 提前告知接下来的环节

无论特需幼儿还是普通幼儿，知道自己下一步应该要做什么、可以怎么做，都是很重要的。同一个任务动作，特需幼儿可能要用更长的时间来完成。教师可以提前告知，给予他们充足的时间去完成需要做的事，而不影响一日活动的推进。需要注意的是，教师不应该为了图省事或节约时间，而剥夺特需幼儿自我服务的机会。当然，尽量不要让特定的幼儿个体或群体长期处于被等待和等待的情况，教师需要及时调整策略，照顾幼儿的心理需求。

3. 巧用"视觉提示卡"

对于语言能力、认知能力、专注力等方面有困难的幼儿，视觉提示可以起到很好的辅助作用。教师可以将一日活动安排图、常规指令（如坐、站、排队、安静等）、对错符号等各类图片（图2-1-6），做成可拆卸、拼装的小卡，或在班级的角落进行张贴。小卡片形式可以在有需求时及时拿出来展示，帮助幼儿更好地理解指令和安排要求；可拆卸的设计则可以适应更多的活动场景。总体上说，视觉提示卡在使用上方便灵活，功能上具有个性化的特征，可以成为教师辅助班级管理的好工具。

图2-1-6　辅助理解"站"和"坐"的视觉提示

4. 任务拆分和分层

一日常规有很多复杂的任务，这对特需幼儿来说可能会有困难。教师可以将一个大任务拆成几个小任务和分步骤，放慢速度演示，帮助幼儿逐步掌握。

面对班级幼儿能力发展差异很大的情况，教师可以将任务根据难度进行分层，不同能力的幼儿做他们能力范围能达到的任务。这样的做法更能兼顾幼儿的发展差异。

常规的建立并无定式，最重要的是能够符合幼儿的发展需求、社交规则和文化背景。幼儿愿意尊重并遵守常规的本质，也应该是基于对规则的理解，而不是出于讨好他人或避开惩罚的目的。因此，教师在班级管理的过程中需要辩证地思考每一个常规的背后逻辑，是否符合上述要求；同时注意运用积极、正面的话语来引导幼儿理解规则和指令。幼儿也需要逐渐学习和理解规则被制定出来的理由，这样他们才能够在未来真正地为自己的行为负责任。

（二）从幼儿入手

1. 师幼共创班规

教师和幼儿可以共同讨论，创建属于自己班级独特的班规。教师应鼓励幼儿多多发表自己的想法，并投票选举大家都认同的规则。首先，每名幼儿在自己的声音能够被大家听到时，都会感受到被倾听、被理解。在共创班规的过程中，幼儿可以与教师和同伴分享、交流自己对规则的理解和想法，在表达需求的同时也了解到他人的想法。其次，班集体投票选举、共同决议班级规则的过程，能够照顾到每一名幼儿表达的需求。即便有些幼儿不一定能用语言的形式清晰表达自己的想法，投票的动作也是表达的方式和机会，幼儿都能够感受到被重视和被尊重，自主权也得到了鼓励。最后，师幼共创为班级常规建立和管理打下良好的基础。在自己创立的规则下生活，幼儿主动维护规则、遵守规则的意愿更加强烈，自主能动性能够保持在较高的水平。

2. 发挥同伴的力量

在幼幼互动中，幼儿可以获得同伴提供的相关经验，巩固对常规的认识和运用。不同幼儿对常规的学习速度不同。一方面，发挥榜样作用，即同伴的示范和提醒可帮助幼儿观察、模仿其他人的行为，向他人学习常规的不同做法，获得处理问题的多种方法。另一方面，幼儿之间可以互帮互助，共同完成常规要求的内容，在促进幼儿社交能力发展的同时，进一步锻炼帮者和被帮者的能力，一举两得。

 知识卡片

常规的建立不仅限于班级内部。班级作为一个小小社会的存在，对幼儿的家庭生活和将来步入大社会的生活都有重要的影响。幼儿在班级生活中学习到的相关技能，可以在不同的场合迁移使用，同理，幼儿在其他生活场景下学习到的常规也会迁移到班级生活中。因此，家园共育对于常规的建立有积极的作用。

家庭是幼儿最主要的成长环境之一，教师可以和家长加强沟通，帮助家长在家庭中建立合适幼儿发展需求的家庭常规。教师可以鼓励家长在家制订以鼓励为主的家规制度，帮助幼儿在家建立起自律的习惯，培养责任感。例如，鼓励家庭成员使用礼貌用语，与家庭成员分担家务，共同制订"睡前任务表"，等等。此外，教师可以和家长沟通幼儿在园的积极表现，将幼儿学习到的良好自我管理行为告知家长，帮助家长了解幼儿的能力，促进对幼儿的认可，帮助在家也形成与幼儿园一以贯之的教养方式。

除了个别沟通外，也可以举办亲子挑战、家长小课堂、座谈会等不同形式的活动，为家长提供集中化和个别化的家庭教育指导。这些举措有助于家长的教养能力提升，和教师一起为幼儿提供一致的成长环境，促进幼儿更好地培养良好的行为习惯，为他们未来步入大社会的生活打下坚实的基础。

 行动研修

## 任务一：绘制幼儿园一日生活流程图

### 一、任务目标

（一）总体目标

掌握幼儿园一日生活的组成部分，并设计合理的一日生活流程和教师指导重点。

（二）具体目标

1. 明确班级一日生活的构成。

2. 学习建立合理的一日生活流程。
3. 根据幼儿年龄关注重点环节的教师指导要点。

二、任务要求

1. 思考幼儿园一日生活流程中，小、中、大班的班级常规内容的不同之处。
2. 列举一个班中的教师和保育员，在班级一日生活中需要注意合作的时间。

三、情境任务

（一）特定年龄班的一日生活流程如何安排？

挑选一个年龄段，绘制适龄班级的一日生活流程图。要求按照一日生活的时间顺序绘制，应包括从入园到离园的每个环节，并写出每个环节包括的常规内容。流程图示例如图2-1-7所示。

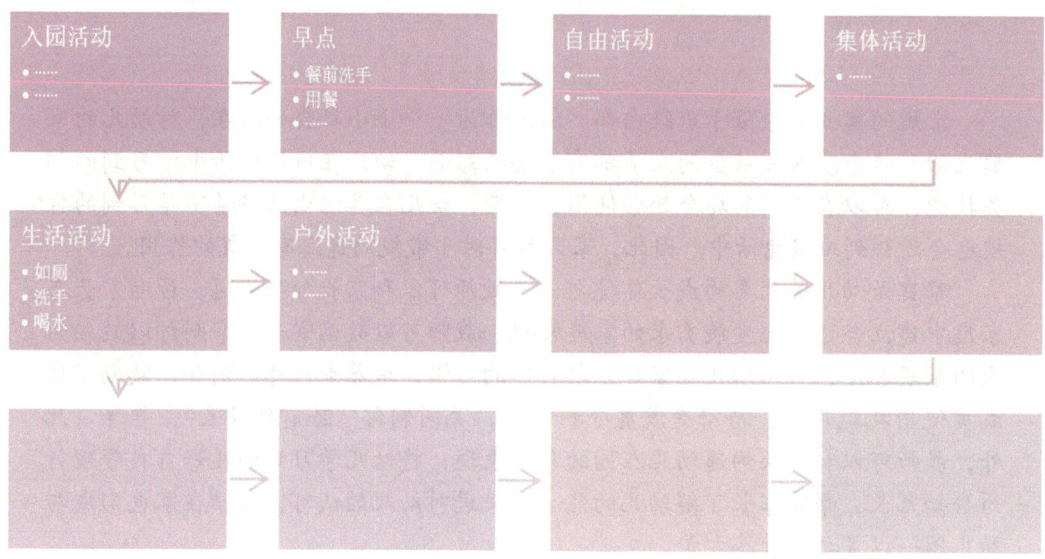

图2-1-7 一日生活流程图示例

（二）特定环节的指导要点有哪些？

在流程中选三个环节，根据对该年龄段幼儿的常规要求，尝试列出教师在建立常规时可以使用的指导语。在幼儿园跟班见习和实习时尝试使用指导语，并记录幼儿听到指导语后的反应，如幼儿的表情、行为，幼儿是否能理解并做出教师期待的反应，等等。

## 任务二：建立小班的用餐常规

一、任务目标

（一）总体目标

掌握小班幼儿的用餐常规，并根据实际情况设计、调整方案，建立常规。

（二）具体目标

1. 明确小班幼儿需要掌握的用餐常规内容。

2. 学习为小班幼儿用餐常规的建立制订方案计划。

3. 在实施常规建立的过程中发现困难点，并根据实际需求调整方案。

## 二、任务要求

1. 在跟班见习和实习的过程中，了解并记录本班用餐常规方面的短期目标和长期目标，如周计划、月计划中的相关目标，并按照难度分层整理。

2. 记录三个幼儿用餐过程中出现的困难。

## 三、情境任务

（一）完善用餐常规建立方案

首先，观察并记录幼儿用餐的现状，包括用餐时长、幼儿行为、用餐环境布置、教师引导语、师幼互动、幼幼互动等。分析观察对良好常规建立有效的做法，反思目前还有改进空间的做法。其次，选择一个可以改进的做法设计并实施改进方案，可以是额外活动，如故事或小游戏。最后，尝试实施并记录情况，进行评估、反思。

（二）角色扮演：用餐礼仪

设计一个15分钟的角色扮演活动，模拟幼儿的用餐场景，展示幼儿需要学习的餐桌礼仪，如坐姿端正、及时整理厨余垃圾等。和幼儿讨论他们认为文明的行为，并根据幼儿的回答延伸制作"用餐小契约"。上述活动完成后，在实际的用餐时间观察幼儿在餐桌礼仪方面的表现，并及时给予积极的反馈和指导。记录幼儿的表现，对活动和成效进行评估、反思。

## 在线测试

1.【2017·下】教师对幼儿说"不准乱跑，不准插嘴，不准争吵"这样的话语，所违背的教育原则是（　　）。
   A. 正面教育　　　　B. 保教结合　　　　C. 因材施教　　　　D. 动静交替

2.【2016·下】活动区活动结束了，可是曼曼的"游乐园"还没搭完，她跟教师说："老师，我还差一点儿就完成了，再给我5分钟，好吗？"教师说："行，我等你。"教师一边说，一边指导其他幼儿收拾玩具……该教师的做法体现了幼儿园一日生活安排应该（　　）。
   A. 与幼儿积极互动　　　　　　　　B. 根据幼儿的活动需要灵活调整
   C. 按照作息时间按部就班地进行　　D. 随时关注幼儿的活动

参考答案

## 课后学习指导

1. 柳倩、周念丽、张晔主编，《学前儿童健康学习与发展核心经验》，南京师范大学出版社2016年版。

2. 中华人民共和国教育部制订，《幼儿园教育指导纲要（试行）》，北京师范大学出版社2001年版。

 评价反思

### 模块二　项目一　学习情况评价表

| 评价项目 | | 评 价 标 准 | 状态水平描述 | | |
|---|---|---|---|---|---|
| | | | 自我评价 | 小组评价 | 教师评价 |
| 学习内容评价 | 一日常规的内容和要求 | 1. 是否理解入园到离园各项工作的内容和要求<br>2. 是否理解一日常规各内容的操作要领 | | | |
| | 一日常规的建立 | 是否理解一日常规建立的不同入手角度 | | | |
| 学习表现评价 | 学习态度 | 1. 是否认真学习本项目内容<br>2. 是否积极参与课堂讨论和小组活动<br>3. 是否认真完成练习题和拓展实践<br>4. 是否积极思考并主动向同学和保教人员请教问题 | | | |
| | 学习能力 | 1. 能否运用本项目内容结合实际分析幼儿园一日常规建立与组织的要求<br>2. 能否结合本项目内容对实践研修活动进行反思<br>3. 能否主动查阅相关书籍进行拓展阅读 | | | |
| 综合评价 | 自我评价：<br>小组评价：<br>保教人员评价： | | | | |

模块二　幼儿园班级的日常管理

# 项目二　班级安全管理

## 内容导读

　　幼儿好奇心重、活泼好动，缺乏安全观念，需要加强安全管理以避免发生安全事故。因此，安全管理工作是幼儿园教育活动的重点内容之一。近年来报道的幼儿园安全事故增多，社会对幼儿安全问题的关注度不断提升。然而，当前我国仍有很多幼儿园存在设施不到位、安全保障不到位等问题，存在安全隐患。幼儿从入园到离园的一日生活占据了幼儿的大部分时间，教师要注意防范一日生活中的安全隐患，安全地组织与管理一日生活，保护幼儿的安全，促进幼儿的身心健康成长。

### 任务一　安全组织班级一日活动

#### 学习目标

　　认知目标：了解幼儿园班级安全管理的相关政策依据和重要意义；掌握班级一日生活各环节的安全管理内容；能描述一日生活各环节的安全隐患和安全工作注意事项。
　　技能目标：具有运用班级安全管理知识安全组织班级一日生活的能力。
　　情感目标：树立关爱幼儿、尊重幼儿、重视幼儿安全的意识；养成富有爱心、细心、耐心、责任心的心理品质；具有注重幼儿成长的价值，促进幼儿健康快乐成长的信念。
　　思政目标：树立尊重幼儿、热爱幼儿的职业理想，提升安全责任，增强依法执教的意识。

#### 基础知识

##### 一、入园环节的安全管理

　　入园是幼儿进入幼儿园生活的第一个环节，是班级安全管理的第一道防线，同时也是教师与家长进行安全管理合作的重要环节。教师与家长要互相配合，完成入园安全管理。

63

### 知识卡片

**教育部召开全国中小学幼儿园安全工作视频会议**

2023年5月30日，教育部会同公安部、国家卫生健康委、市场监管总局等部门召开全国中小学幼儿园安全工作视频会议，深入贯彻落实习近平总书记关于安全工作的重要指示批示精神，分析研判当前学校安全工作形势，部署做好今年学校安全工作。

会议强调，各地要以保障师生安全为目标，强化风险防控，狠抓整改落实，切实做到"四个加强"，坚决遏制校园安全事故发生。一是加强党的全面领导，守牢阵地。二是加强校内安全管理，把住校门。三是加强校外综合治理，净化环境。四是加强突出问题整治，取得实效。

（资料来源：中华人民共和国教育部，http://www.moe.gov.cn/jyb_zzjg/huodong/202305/t20230530_1062040.html，有改动。）

### （一）入园环节常见的安全隐患

**1. 入园时人多易混乱**

由于幼儿年龄小，自我保护意识不足，容易发生意外事故。早晨起床后，幼儿可能还带有起床气，与家长分离时情绪容易产生波动。入园时人员较多，容易发生混乱，加上部分家长时间紧，可能匆忙将幼儿送到幼儿园，未与班级教师亲自交接，可能出现幼儿出勤核查不到位的情况。部分教职工的安全意识不够强，交接工作不细致，对一些潜在的安全隐患可能不够重视，也可能导致安全事故的发生。

### 案例探索

6岁的男孩浩浩在某幼儿园大班就读。一天早晨，因为前一天晚上睡得晚加上天气寒冷，浩浩不愿意起床，想多睡一会儿。爸爸赶着上班，强行把浩浩带到幼儿园大门口，没有把他送到班级主班老师手上就离开了。浩浩在幼儿园大型玩具上玩了一会儿后，偷偷跑到幼儿园附近的公园玩。主班黄老师发现浩浩没有到班级，打电话问浩浩爸爸，浩浩爸爸非常吃惊并立即赶到幼儿园，与黄老师一起寻找浩浩，最终在公园找到了正在荡秋千的浩浩。浩浩爸爸对自己没有亲自将孩子送到老师手中的做法感到懊悔。

【分析】浩浩爸爸由于时间紧，"心大"地把孩子放在幼儿园入口处，没有亲自把孩子送到老师的手中，而孩子由于贪玩跑到其他地方。庆幸的是黄老师及时发现，并和家长共同努力找到了浩浩，否则后果不堪设想。一方面，这体现了家长没有按要求进行接送，幼儿园的接送制度监管不严；另一方面，还体现了幼儿园的安保管理存在安全漏洞，没有察觉落单的幼儿便进行反馈报备。

## 2. 晨检不严格

晨检是幼儿进入幼儿园的安全防线第一关，能够对幼儿的身体疾病进行排查，检查幼儿的物品是否安全，做到早预防，早干预。幼儿园的晨检管理制度不够完善，或者执行力度不够，如晨检不仔细，没有注意到幼儿身体的异常，容易导致安全事故的发生。

### 案例探索

在晨检过程中，保健医生发现晨晨手掌心起了三个小包和几颗红点点，疑似手足口病，因此要求晨晨的妈妈带晨晨去医院进一步检查。晨晨妈妈说，这是周末晨晨去公园玩被蚊子叮的，不是手足口病。但是保健医生坚持让晨晨妈妈带孩子检查后再入园。于是，晨晨妈妈送晨晨到附近的社区医院做了检查，结果确诊晨晨得了手足口病。

【分析】保健医生的做法非常重要，因为它防止了传染病病毒在幼儿园内的传播，确保了其他幼儿的健康。如果保健医生没有坚持要求晨晨去医院检查，那么可能会耽误治疗，并且增加其他幼儿感染手足口病的风险。因此，当保健医生怀疑幼儿可能得传染病时，应该采取严格措施，严把入园关。要遵循"错查一万也不放过一个"的原则，以确保幼儿的健康和安全。家长也应该理解并配合幼儿园的这一做法，及时带孩子去医院进行检查。通过这种方式，共同为幼儿创造一个安全、健康的成长环境。

晨检要注意以下方面：一是避免检查时间过长，导致幼儿出现焦虑、不满等情绪，影响他们的心情、食欲和午休质量。二是正确使用检查仪器及检查方法，如对体温计及时消毒并正确使用，否则可能导致测量结果不准确，引发误诊或漏诊。三是除身体状况检查外，还要注意幼儿的衣物、口袋中的异物等，关注幼儿的心理状况。

## 3. 幼儿携带危险物品

幼儿在入园时可能会携带一些危险物品，如小刀、剪刀、玻璃球、零食、药品等。这些物品可能会对幼儿造成伤害，甚至可能引发安全事故。

### （二）入园环节安全组织实施要点

#### 1. 完善入园接待流程制度

教师接待幼儿入园，做好与家长的交接，要确保接到幼儿，并做好物品交接。做好两道防线：早班老师做好第一道防线——入园时对幼儿进行晨检，并及时向家长咨询幼儿在家是否有异常或者服药情况；保班老师做好第二道防线——进教室后对幼儿进行第二次检查，以确保幼儿的健康与安全。

#### 2. 严把晨检关

保健医生对幼儿进行晨间检查，查看幼儿是否存在身体异常情况或携带危险物品。完善安全机制，成立晨检安全专项工作小组，责任到人。教师通过故事、视频等方式对幼儿进行晨检安全教育，让幼儿知道晨检的重要性；通过微信、电话等方式让家长了解

晨检，配合教师晨检工作。做好"一摸、二看、三问、四查"工作。

 知识卡片

**入园晨检的"一摸、二看、三问、四查"**

一摸、二看、三问、四查是幼儿园晨检的基本流程，是幼儿园为加强传染病防控工作而采取的措施，目的是早期发现隔离传染病的幼儿。

一摸：用手触摸幼儿额头，判断幼儿是否发热。

二看：查看幼儿的身体、手、足、口腔有无皮疹或疱疹，以及精神状况（如在腮腺炎流行期让幼儿做张口动作，观察幼儿有无痛苦表情等）。

三问：询问幼儿身体有哪里不舒服，有何异常。

四查：对疑似发热的幼儿进行体温测量，查看是否体温异常。

**晨检时异常隔离留验**

第一，登记隔离留观幼儿，记录幼儿姓名及其临床表现、家长姓名、住址、联系电话。

第二，及时通知家长。

第三，留验室需安排教师监护幼儿，家长未接走前，幼儿及教师不得离开。

第四，汇总晨检信息，及时上报异常情况。

第五，晨检后，各班将情况上报给幼儿园卫生管理员，管理员汇总后上报幼儿园领导、教育部门和疾病预防控制机构。

3. 加强物品检查

幼儿园应该检查和限制幼儿携带的物品，以确保幼儿不带危险物品入园。同时，幼儿园也应该对园内物品设施进行检查，确保园内物品设施的安全性。

4. 加强安全教育

教师进行晨间谈话，了解幼儿的情绪及精神状况。幼儿园应该对幼儿进行安全教育，教育幼儿了解什么是危险物品，如何避免发生安全事故等。同时，也应该教育幼儿树立自我保护意识，学会保护自己的身体和财物安全。

5. 加强与家长的沟通

教师应该与家长保持密切联系，及时了解幼儿的身体健康状况和携带物品情况。通过与家长的良好沟通，共同保障幼儿的身体健康和安全。家长应该配合幼儿园的晨检工作，如督促孩子刷牙洗脸，定期给孩子剪指甲、洗澡理发等，确保没有携带危险物品。同时，家长还要与孩子交流沟通，了解孩子的身体状况，及时发现异常情况并处理。

## 二、喝水环节的安全管理

### （一）喝水环节常见安全隐患

1. 清洁卫生问题

如果幼儿园的清洁卫生工作不到位，水杯和饮水机没有及时清洗和消毒，可能会导致细菌和病毒滋生，威胁幼儿的健康。

2. 烫伤问题

幼儿在接热水时可能会发生烫伤事故，特别是在饮水机旁。如果幼儿接水时过于拥挤，或者教师没有及时监管，就可能发生烫伤事故。

3. 幼儿自主喝水不足

由于幼儿年龄较小，自我管理和控制能力较弱，可能会存在喝水不足的情况。这会导致幼儿身体缺水，出现口渴、尿少等症状，影响身体健康。

4. 集体喝水时间过长

在集体喝水时间，由于幼儿数量较多，教师很难全面照顾每个幼儿。如果喝水时间过长，幼儿可能会因为等待而感到口渴，同时也会增加教师的工作量。

5. 幼儿打闹问题

在喝水环节，幼儿可能会因为打闹而发生意外，如呛水、摔跤等。教师需要时刻关注幼儿的行为，避免发生意外。

### （二）喝水环节安全管理实施要点

1. 建立完善的卫生清洁制度

为了确保水源的清洁卫生，幼儿园需要建立完善的饮水设备卫生清洁制度。保育老师需要按时进行清洁和消毒工作，包括水杯、饮水机和周围环境的卫生。同时，教育幼儿养成勤洗手的好习惯，减少细菌的传播。水杯应放在固定位置的柜子中，每个幼儿的水杯都应该标明姓名，以便识别和避免混淆。

2. 加强喝水环节的监管

教师需要加强喝水环节的监管，确保幼儿的安全。在接水时，教育幼儿正确的接水动作和注意事项，避免烫伤等意外事故的发生。同时，教师应该教育幼儿有序接水，排好队再接水，接完水后到旁边喝水，避免拥挤和推搡，及时发现和纠正幼儿的不安全行为。

3. 督促幼儿多次饮水

幼儿园应该提供足够的饮用水，教师和保育老师应该督促并提醒幼儿多次饮水，确保他们摄取足够的水量。同时，教师可以通过设置奖励机制、提供有趣的水杯等方式鼓励幼儿自主喝水，提高他们的饮水积极性。

4. 合理安排喝水时间

幼儿园应该合理安排喝水时间，避免长时间等待和拥挤。教师可以根据幼儿的实际情况灵活调整喝水时间和方式，例如设置固定的喝水时间和地点，或者允许幼儿在课间自由饮水。

5. 建立喝水环节的记录制度

为了更好地了解幼儿的饮水情况，幼儿园可以建立喝水环节的记录制度。教师和保育老师可以记录每个幼儿的饮水情况，包括饮水量、饮水时间等信息。这有助于教师了解幼儿的饮水量是否足够，以及是否有异常情况发生。

6. 开展喝水教育活动

幼儿园可以通过开展喝水教育活动，向幼儿传授正确的饮水知识和习惯。教师可采用讲故事、做游戏、互动演示等形式，让幼儿了解喝水的重要性、如何正确喝水等知识。同时，教师可以在活动中引导幼儿自主表达自己的感受和想法，增强他们饮水的兴趣。

### 三、如厕盥洗环节的安全管理

#### （一）如厕盥洗环节常见安全隐患

1. 盥洗室环境问题

部分幼儿园班级盥洗室空间过于狭小，或两个班级共用一个盥洗室，无法容纳过多幼儿，幼儿需要轮流使用。如果教师组织不当，容易发生推搡、打闹的现象。此外，盥洗室地面湿滑，幼儿在洗手、上厕所等过程中，容易因为地面湿滑而滑倒。

2. 幼儿好奇心强

幼儿对周围环境充满好奇心，可能会尝试触摸水源、电源开关等危险物品，导致意外发生。幼儿对玩水有很大的兴趣，有的幼儿趁着洗手的间隙玩水，容易造成地板湿滑，导致摔倒，也可能使衣裤浸湿，受凉感冒。

3. 教师监管不到位

盥洗室位置特殊，如果教师站立的位置不合适，视野受限，幼儿脱离教师视线，可能发生不可预知的危险。同时，幼儿没有足够的自我保护意识，可能会在无人看护的情况下发生意外。

> **案例探索**
>
> 一天，中班的农老师和刘老师要去开年级会议，班上有保育老师和两名实习老师。在户外活动回来后，老师们在教室里忙着协助幼儿换衣服。有部分幼儿到盥洗室上厕所、洗手，没有老师在盥洗室看管，琦琦发现用洗手液能够揉搓出来很多泡泡，于是他把整瓶洗手液都挤了出来，弄了一整个水池的泡沫，地面上也有许多积水。教研主任过来时发现了这个问题，告诉了班主任。
>
> 【分析】幼儿由于好奇心玩水，浪费了一瓶洗手液，造成地板积水，容易引发滑倒、摔跤等安全隐患。老师忙于给其他幼儿换衣服，没有及时监督幼儿洗手，幼儿在盥洗室自由活动，构成了安全漏洞。

#### （二）如厕盥洗环节安全管理实施要点

1. 保持盥洗环境干净整洁

保持盥洗室地面清洁，有水渍及时处理，保证卫生间地面干燥清洁。优化盥洗室设施布局，提高空间使用效率。合理布置设施，如设置足够的洗手台、马桶位等。

2. 对幼儿进行盥洗时的安全教育

一方面，教师要培养幼儿饭前便后自觉洗手的习惯。教授幼儿正确洗脸、洗手、漱口的方法。规范盥洗活动，组织幼儿排队洗手，洗手时不玩水不打闹（图2-2-1）。另一方面，教师要定时提醒幼儿如厕。如幼儿尿裤子，要及时帮幼儿换洗干净的衣物，不嘲笑幼儿。教授幼儿正确的如厕方法，让幼儿学会使用便纸，鼓励幼儿独立如厕。

图2-2-1 洗手环节

3. 对如厕盥洗环节进行有效监管

组织幼儿有序如厕，避免在卫生间内追逐打闹。第一，合理规划，根据幼儿人数和需求，合理规划盥洗室的使用空间，确保每个幼儿都有足够的空间如厕和洗手。第二，安排幼儿分批进入盥洗室，避免过度拥挤。第三，合理分配时间，使每个班级都有适当的如厕盥洗时间。

4. 家园共育

加强与家长的沟通与合作，共同培养幼儿的安全意识和自我保护能力。不管是在家中还是在幼儿园，都要督促幼儿养成良好的如厕和盥洗习惯，注重安全问题，不玩水。鼓励家长参与安全教育活动，形成家园共育的良好氛围。

### 四、服药环节的安全管理

#### （一）服药环节常见安全隐患

1. 药品存放不当

药品未按规定存放，容易与食品、玩具等混淆，导致幼儿误食。

2. 药品管理不严格

幼儿园在药品的领取、发放、使用等方面管理不严格，容易造成药品流失、滥用等问题。

3. 家长疏忽

家长未能及时向幼儿园告知孩子的服药情况，或混淆药品，或在孩子未按时服药时没有及时提醒，增加安全风险。

> **案例探索**
>
> 11月初，气温骤降，许多幼儿患上了感冒。早上，保育老师马老师和宋老师照常接待小班幼儿来园，并登记中午需要服药的幼儿。到了服药时间，马老师叫来几个幼儿，对照记录喂药。轮到欣欣小朋友时，马老师发现记录显示需要服用两

包药,但每个纸包里都有3粒相同的药片,这与欣欣轻微感冒的情况不符。马老师立刻给欣欣的妈妈打电话,描述了药片的外观,得知原来是晨晨妈妈早晨匆忙间拿错了药。马老师庆幸及时与欣欣妈妈沟通,否则可能会给欣欣带来健康危害。

【分析】保育老师的正确行为表现在以下三方面:首先,在入园接待时,保育老师积极与家长沟通,对幼儿服药情况进行详细记录,体现了保育老师对幼儿健康的关注和负责任的态度;其次,保育老师能够根据记录逐一为幼儿服药,确保每个幼儿都能按时、按量服药,体现了保育老师的细心和专业;最后,保育老师在对幼儿服药登记产生疑虑时,能够及时与家长沟通,避免幼儿多服药,这既体现了保育老师的谨慎和负责,又避免了潜在的健康风险,是非常值得学习的。

4. 幼儿自身认知不足

幼儿自身对药品的认知不足,容易将药品当作糖果或其他食品来服用。

5. 幼儿园工作人员缺乏培训

幼儿园工作人员缺乏对药品安全管理的培训,对幼儿安全用药知识掌握不到位,增加了用药错误的风险。

### (二)服药环节安全管理实施要点

1. 建立完善的药品管理制度

幼儿园应制定详细的药品管理规定,规范药品的存放、领取、发放和使用等环节。

2. 加强药品监管

幼儿园应加强对药品的监管,定期进行检查和清点,确保药品的数量和质量符合要求。

3. 加强与家长的沟通

教师应加强与家长的沟通,及时了解幼儿的服药情况,确保家长按时按量给幼儿服药。如果幼儿需要服药,家长要向教师交代清楚,规范填写服药委托单,并注明相关药物标识。如果幼儿患有传染病,家长要及时报告幼儿园,并尽快送其去医院就诊,保证孩子在家休养期间不和其他幼儿接触,返园时需要提供医院开具的检疫期满凭证。教师需要按照规定让家长填写带药服药记录表,并且要让家长签字(表2-2-1)。

表2-2-1 幼儿园在园幼儿带药服药记录表

| 日 期 | 姓 名 | 药物名称 | 药物有无过期 | 服用剂量和时间 | 家长签字 | 喂药时间及签字 |
|---|---|---|---|---|---|---|
| | | | | | | |
| | | | | | | |
| | | | | | | |

#### 4. 加强工作人员的培训

加强幼儿园工作人员的培训，提高他们对药品安全管理和幼儿安全用药知识的掌握程度。

#### 5. 增强幼儿安全意识

通过教育，让幼儿树立科学的用药安全意识，增强幼儿对药品的认知和自我保护能力。

## 五、进餐环节的安全管理

### （一）进餐环节常见安全隐患

#### 1. 食物中毒及饮食不当

首先，幼儿园进餐环节中，如果食物处理不当或食品卫生不达标，可能导致食物中毒事件的发生，如食品未煮熟、食品储存温度不当、食品过期等。其次，幼儿带来非幼儿园的食物，如生日蛋糕、零食等，可能带来安全隐患。最后，幼儿园的饮食安排不合理，可能导致幼儿营养不良或肥胖等问题。

#### 2. 异物卡喉

幼儿在进餐过程中可能会误吞食异物，如骨头、玩具零件等，导致呼吸困难甚至窒息。

#### 3. 烫伤

幼儿在接触热食或热水时，可能会因操作不当或好奇心而烫伤自己。

#### 4. 过敏反应

幼儿对某些食物过敏，如果误食或过量食用了这些食物，可能会出现过敏反应，如皮疹、呼吸困难等。

#### 5. 餐具伤害

餐具的锋利边角、破损的瓷器等都可能对幼儿造成伤害。

#### 6. 进餐秩序混乱

幼儿在进餐时互相争抢、打闹，可能导致意外伤害或食物误入气管。

#### 7. 催促幼儿进餐

教师为了管理方便，可能会催促幼儿快速进餐，导致幼儿噎食或消化不良。

### （二）进餐环节安全管理实施要点

#### 1. 制定幼儿园食品安全卫生管理制度

幼儿园应建立严格的食品卫生管理制度，确保食品来源可靠、新鲜卫生，并根据幼儿的营养需求和饮食习惯合理安排饮食，确保幼儿获得足够的营养，同时做好食品留样。食堂工作人员应具备相应的卫生知识和操作技能，定期进行体检和培训。幼儿园应建立完善的安全管理制度和应急预案，对进餐环节可能出现的安全隐患进行全面预防和控制。采用智能化管理手段，如智能餐盘、智能监控等，提高进餐环节的管理效率和安全性。

#### 2. 营造宽松的进餐氛围

教师应保证进餐环境的卫生与安全，进餐前不批评幼儿。保证幼儿至少半小时的用

图 2-2-2 进餐环节

餐时间，不催促幼儿多吃饭、快吃饭。教师在组织进餐时，可以营造宽松、舒适的进餐氛围（图 2-2-2）。

3. 做好进餐前教育

教师应教育幼儿养成文明进餐的习惯，如排队取餐、不争抢食物、细嚼慢咽等。进餐前组织幼儿如厕、洗手，教育幼儿认识食物、掌握餐具的正确使用方法。用餐后提醒幼儿擦嘴、漱口。在幼儿园的进餐区域设置明显的警示标识和安全提示，提醒幼儿注意安全事项。

 知识卡片

**儿童烫伤时的急救措施**

轻度烫伤处理：立即将幼儿带到水龙头下，用冷水持续冲洗烫伤部位，使皮肤冷却，避免形成水疱；如果已经形成水疱，不要弄破，也不要在患处涂抹药膏或药水。用清洁、无绒毛的纱布覆盖并固定，然后前往医院进一步处理。

严重烫伤处理：不要强行脱掉幼儿的衣服，应剪开衣物并小心地移除，避免触碰烫伤的皮肤。将幼儿的烫伤部位浸泡在冷水中，或用浸透冷水的毛巾敷在烫伤处，不要摩擦皮肤。随后尽快送往医院。

预防措施：为预防幼儿烫伤，应保持热水瓶、厨房用具等高温物品远离幼儿可触及的范围。给幼儿洗澡时，应先放冷水后兑热水，水温不应高于40℃。热水器温度应调到50℃以下。

## 六、午睡环节的安全管理

### （一）午睡环节常见安全隐患

1. 环境安全问题

如床铺设计不合理、床架不稳固、床上杂物较多等，都可能造成幼儿在午睡过程中摔伤或被杂物掩埋等意外。

2. 不安全物品

如被褥、枕头等物品填充物过软，可能导致幼儿呼吸困难甚至窒息。床边如有锐利物品或不安全因素，也可能造成幼儿受伤。

3. 午睡姿势不当

幼儿可能会采取不安全的睡姿，如俯卧、把手置于口鼻处等，可能导致呼吸道受阻或呼吸困难。

4. 教师管理不当

如值班教师擅离职守、疏于巡视，或对幼儿午睡情况观察不够仔细等，可能无法及时发现和应对幼儿的异常情况。

5. 幼儿自理能力不足

幼儿在穿脱衣物、鞋袜等自理环节可能会出现困难或危险，如拉扯衣物导致窒息、鞋带松脱绊倒等。

### 案例探索

圆圆午睡时很早就醒了，教师告诉圆圆起床时间还没到，让圆圆静静地躺在床上休息一会儿。圆圆躺在床上左转转右转转觉得无聊，突然在床边的地上发现了一个小球，玩着玩着就塞进了鼻子里面。起床时圆圆对教师说："我的鼻子里藏了一个好东西。"教师检查一看，发现了这个小球，急忙带圆圆去了保健室。好在小球藏得不深，保健医生用器械将其取了出来。

【分析】圆圆觉得好玩，将小球塞入鼻孔里，差点酿成大祸。在午睡环节，教师需要特别注意环境安全，确保床铺设施稳固、设计合理，并定期清理床上的杂物。此外，教师还应确保幼儿不会携带危险物品进入睡眠区域，包括在午睡前检查幼儿身上是否携带了小球等危险物品。为了降低圆圆将小球塞入鼻孔这类风险，教师应在日常活动中不断强化安全教育，让幼儿了解哪些行为是危险的，以及如何避免这些危险。教师还应该培养幼儿良好的生活习惯，如睡姿正确，以及避免在床上进行可能导致跌落或其他意外的活动。

### （二）午睡环节安全管理实施要点

1. 确保环境安全

定期检查床铺设施，确保床铺稳固、设计合理。及时清理床上的杂物，保持环境整洁。

2. 加强物品安全管理

对床上用品进行定期检查和更换，确保被褥、枕头等物品填充物合适，无锐利边角，避免使用带有安全隐患的物品。

3. 入睡前做好检查

午餐后要组织幼儿散步活动，促进食物消化。入睡前检查幼儿嘴巴里是否有食物，身上是否携带玩具、扣子等影响幼儿午睡的物品。此外，还要检查幼儿的身体健康状况，如有没有发热、有没有红色疱疹等。

4. 建立午睡巡查管理制度

午睡时，教师要来回巡查幼儿的睡眠情况，纠正幼儿的不良睡姿，发现神色异常的幼儿要及时报告，并联系值班医生。如果发现幼儿有危险行为或有潜在的安全隐患，教师应立即采取措施,确保幼儿的安全。对特殊的幼儿进行重点管理。为幼儿提供安静的睡眠环境,不在幼儿午睡时扎堆闲聊或玩手机,提高午睡时的安全管理意识。

**5. 加强教师监管职责**

值班教师在幼儿午睡期间不得擅离职守,要做到动作轻、不讲话。在幼儿自理环节提供必要的协助和指导,如帮助幼儿穿脱衣物、鞋袜等,教育幼儿掌握正确的自理方法。

## 七、集体教育活动环节的安全管理

### (一)集体教育活动环节常见安全隐患

**1. 教具和器材问题**

一些教具和器材可能存在质量或设计上的缺陷,如玩具的螺丝松动、边缘锋利等,可能对幼儿造成伤害。

> **案例探索**
>
> 在幼儿园科学探究活动中,楠楠和兰兰尝试使用松紧绳感知弹力。起初他们都小心地操作,但随后,他们开始用力拽同一根松紧绳,导致楠楠手中的松紧绳突然弹射出去,并击中了兰兰的脸部,留下明显的血印。
>
> 【分析】教师未准备足够的活动材料,致使幼儿在争抢的过程中受伤。教师要事先准备数量充足的活动材料,保证人手一份,活动中要仔细讲解规则和使用方法,并有分工地看管一定数量的幼儿。科学探究材料如具有一定的安全隐患,应该慎重选择。

**2. 幼儿行为失控**

在集体活动中,幼儿可能会因为过于兴奋、好奇等原因而行为失控,如奔跑、推搡、拉扯等,容易发生碰撞、跌倒等意外。

**3. 教师监管疏忽**

教师对活动的监管力度不够,没有及时发现和制止幼儿的不安全行为,或者对幼儿的安全教育不够充分,导致幼儿缺乏安全意识和自我保护能力。

**4. 组织不当**

教师对活动的组织不当,如活动安排过于拥挤、幼儿的参与度过高或过低等,可能导致幼儿之间的冲突或者过度疲劳等安全问题。

> **案例探索**
>
> 小班音乐活动中,教师本想让幼儿学会听见音乐就回到座位上,就开始弹钢

琴。幼儿看见教师弹琴很好奇，就都围了上去，有几个幼儿直接爬到凳子上开始"弹琴"，场面一度混乱。教师赶紧制止幼儿，就在这时，浩浩被钢琴盖夹到了手指，哇哇大哭起来。教师赶紧带浩浩去保健医生那里，对手指进行了处理。

【分析】幼儿的好奇心和无序行为引发了混乱，导致浩浩手指受伤，活动无法正常进行。为了防止此类事故的发生，教师应提前制定幼儿日常行为规则，明确活动中的安全注意事项，避免活动中发生安全问题。

（二）集体教育活动环节安全管理实施要点

1. 严格把关教具和器材质量

定期检查活动场地，确保地面平整、无障碍物、电源线不裸露等，及时排除安全隐患。选用符合安全标准的教具和器材，提供充足的活动材料，定期检查维修，及时更换不合格或损坏的教具和器材。对具有一定危险性的活动材料，教师要提前说明使用方法，并巡回帮助幼儿使用。

2. 加强幼儿安全教育

通过日常教育和集中讲解相结合的方式，教育幼儿了解基本的安全知识和掌握自我保护技能，引导幼儿形成良好的行为习惯和树立规则意识。教师要保证安全教育的时间，重视安全教育活动的开展。教师要与时俱进，及时更新安全教育观念。

3. 强化教师监管职责

教师要在活动中全程监管幼儿的行为，及时发现并制止不安全行为，确保幼儿在活动中的安全。

4. 合理安排活动组织

教师要根据幼儿的年龄、能力和兴趣等因素，合理安排活动的参与度和时间分配，避免过于拥挤或过度疲劳等安全问题。要关注个别幼儿，合理安排幼儿的座位，尽量能关注所有幼儿。教师要建立集体教育活动时的规则，在平时活动中时常强化，帮助幼儿形成良好的常规（图2-2-3）。

图2-2-3 集体教育活动环节

八、户外活动环节的安全管理

（一）户外活动环节常见安全隐患

1. 环境和设施设备安全问题

第一，户外活动时，外部环境如天气、交通等会对幼儿的安全产生影响。例如，恶劣天气可能导致设施设备损坏或幼儿身体不适。第二，户外活动设施如滑梯、秋千、攀爬架等，如果存在设计缺陷、安装不当、使用年限过长等问题，可能导致幼儿受伤。此外，设施设备的日常维护和检查不到位也会增加安全隐患。

2. 场地安全问题

活动场地可能存在坑洼、障碍物、地面不平整等情况，容易导致幼儿跌倒或碰撞。此外，场地的湿度、光照等因素也会影响幼儿的安全。

3. 幼儿行为安全问题

一方面，幼儿在户外活动中好奇心强，喜欢尝试新鲜事物，但自我保护意识和能力较弱，容易发生意外事故。例如，幼儿可能会攀爬栏杆、追逐打闹、乱吃东西等。另一方面，幼儿的衣物、携带的物品等可能造成安全隐患。

4. 教师监管不到位

教师对幼儿的管理和监督不到位，没有及时发现和制止幼儿的不安全行为。同时，教师自身的安全意识和急救能力也是影响幼儿安全的重要因素。

（二）户外活动环节安全管理实施要点

1. 活动前检查活动场地、器械，并进行安全事项教育

（1）检查场地。教师需要对幼儿即将活动的场地进行细致的检查，一方面要检查地面，确认没有突出或损坏的地方；另一方面要检查地面上的物品，将碎石子、玻璃渣、小树枝等清除干净，以免威胁幼儿的安全。另外，如果活动场地附近正在施工，教师可以设置警示牌，提醒幼儿远离工地，以保证幼儿安全。

（2）检查器械。如果有让幼儿使用体育器械的安排，那么教师要提前对相关设备进行检查，重点检查螺丝是否松动、部件是否损坏、有无会擦伤幼儿皮肤的掉漆处、有无会戳痛幼儿的尖角等。如果有条件，应在器械下方或周围铺上塑胶垫，防止幼儿摔伤；如果园所条件有限，也可以铺设一层沙土，以起到缓冲的作用。

2. 检查幼儿的衣物

对幼儿衣帽的检查是教师在组织户外活动前必须要做的工作。其主要内容包括三项：一是检查幼儿的衣着，不要让幼儿穿过大、过长的衣服，也不要穿带绳子的衣服，如没有办法更换，要把绳子去掉，或绕好打结，不能让绳子长长地垂着；二是检查幼儿的鞋子，一方面最好穿运动鞋，鞋子不要太大，另一方面要系好、穿好鞋绳；三是检查幼儿的口袋，看其是否携带了不安全物品，如小刀、玻璃等，以保证幼儿的生命安全。

3. 做好活动过程中的监督管理工作

户外活动前，说明器械的正确使用规范或体育游戏的规则，班级的三名教师要做好分工，合理站位（多采用三角形定位法），在幼儿出现危险行为时要及时制止，在幼儿需要帮助时提供必要的支持。注意幼儿的活动范围不宜过大，要在教师的视线范围之内（图2-2-4）。

图2-2-4　户外活动环节

#### 4. 进行安全教育

在活动结束前,要做好活动小结工作,肯定幼儿在活动中的突破与进步,讨论幼儿在活动中的危险行为并及时教育。保证幼儿每日的户外活动时间(不少于两小时)。

> **案例探索**
>
> 琳琳在早上入园时带了一根绳子,告诉张老师这是妈妈挂手机用的。张老师想暂时保管这根绳子,但琳琳不同意。在户外骑小车活动中,琳琳将绳子套在脖子上,并试图将其与旋转车的车把相连。随着骑行速度的加快,琳琳不小心被甩下车,导致脖子被绳子卡住。张老师立即上前制止骑行并安抚琳琳。在安抚之后,张老师告诫琳琳这样做非常危险,以后不能带绳子来幼儿园。
>
> 【分析】琳琳险些因一根绳子遭受严重伤害。在晨检时保健医生未发现绳子的存在,张老师也没有采取措施将其收回管理,这暴露出教师在安全管理方面的漏洞。教师应当加强安全意识,确保在任何情况下都能及时发现并处理潜在的安全隐患,保障幼儿的安全。

### 九、区域活动环节的安全管理

#### (一)区域活动环节常见安全隐患

1. 区域布局不合理

活动区域的设置和布置不合理,如空间过小、设施设备不安全等,可能导致幼儿受伤或发生意外事故。同时,区域内的物品应定期检查和清洁,确保卫生和安全。

2. 幼儿行为不当

幼儿在区域活动中好奇心强,喜欢尝试新鲜事物,但自我保护意识和能力较弱,容易发生意外事故。例如,幼儿可能会吞咽小型玩具、跌倒、碰撞等。

3. 教师监管不严

教师在区域活动中的监管力度不够,没有及时发现和制止幼儿的不安全行为,易导致危险发生。同时,教师自身的安全意识和急救能力也是影响幼儿安全的重要因素。

4. 材料安全问题

区域活动中提供的材料可能存在安全隐患,如玩具破损、小零件脱落等,这些细小的物品容易被幼儿误吞或吸入气管,导致窒息或受伤。

> **案例探索**
>
> 一名幼儿在"蔬菜水果店"中活动,默默拿起一根"香蕉"并咬破,多多看见后也想尝试,两人发生争抢。争抢中,"香蕉"划破了多多的脸。

【分析】这一事件暴露了教师在区域活动中监管不力,未能及时发现和制止幼儿的不安全行为。教师应选取安全卫生的区域活动材料,并告知幼儿不能将活动材料放入嘴里。教师要时常检查活动材料有无破损,定期对材料消毒,防止因材料本身的问题而引发安全管理问题。

5. 活动组织不当

区域活动的组织和管理不当可能导致安全事故的发生。例如:多个区域同时进行活动,可能导致幼儿混杂、互相碰撞;教师组织活动时没有明确的安全规定和流程,导致管理混乱。

图2-2-5　区域活动环节

(二)区域活动环节安全管理实施要点

1. 合理布局区域,投放适宜材料

教师在设置区域时要充分考虑幼儿的年龄特征以及兴趣、需要,注意区域划分,做到动静分离,以免互相打扰。区域面积要适当,允许进区的人数要合理。投放的区域材料要安全且数量适宜,尤其是托、小班幼儿,尽量保证活动材料人手一份,防止出现幼儿因争抢材料而互相伤害的情况。教师在组织区域活动时,要充分考量环境的安全,如玩大型积木时,要给幼儿佩戴安全帽(图2-2-5)。

2. 设置好区域规则

教师与幼儿一同设置每个区域的活动规则、活动人数、注意事项等,可以培养幼儿的规则意识。在区域投入使用前,教师要带领幼儿一同设置各个区域需要遵守的规则,加深幼儿对规则的理解,并用图画的形式将规则表征在各区域活动空间内。在进行区域活动前,教师要做好示范,并再次强调活动区安全规则。

3. 加强教师监管

活动时,教师应巡回观察指导,对幼儿的危险行为及时管理。三名教师可分区域管理,一名教师在左一名教师在右,还有一名教师看护走道和卫生间内的幼儿。在幼儿需要帮助时,适时地介入指导。在区域结束后,做好总结反思工作。

## 十、离园环节的安全管理

(一)离园环节常见安全隐患

1. 离园组织不当

教师可能在离园时间组织不当,导致出现混乱、拥挤、推搡等情况。这种情况下,幼儿容易发生跌倒、碰撞等安全事故。

## 2. 家长管理不到位

在离园环节，家长可能会因为接孩子心切而挤在幼儿园门口，导致幼儿被挤伤或踩伤。同时，家长未与教师完成交接手续，可能导致幼儿被误接或走失。

## 3. 门卫安全意识薄弱

门卫是幼儿园安全的第一道防线，但有些门卫安全意识薄弱，对来访人员管理不严，导致不法分子有机可乘。

## 4. 离园交通安全隐患

幼儿离园时需要家长接送，如果家长驾驶非法营运的车辆，或因心急不遵守交通规则，可能给幼儿带来交通安全隐患。

### （二）离园环节安全管理实施要点

#### 1. 建立完善的离园制度

制定明确的离园规定，要求幼儿在规定时间内按照规定路线离园。同时，要确保家长遵守相关规定，避免因家长管理不当导致安全事故。教师要做好接送卡工作，一人一卡，见卡放行，没有卡不得让幼儿离园，须联络幼儿监护人询问情况，确认核实后才可放行，并登记在案。

#### 2. 加强门卫管理

门卫要严格遵守安全制度，对外来人员进行登记并核实身份。同时，要定期对门卫进行培训和考核，提高其安全意识和应对能力。

#### 3. 加强交通安全管理

幼儿园应与家长沟通，要求家长遵守交通规则，确保幼儿离园时的交通安全。同时，幼儿园要定期检查校车等交通工具的安全性能，确保其符合相关规定。

#### 4. 安装监控和报警系统

在幼儿园重要区域和大门口安装监控系统和报警系统，以便及时发现并应对安全隐患。同时，要定期对系统进行检查和维护，确保其正常运行。

#### 5. 加强幼儿安全教育

在日常教育中，教师应注重对幼儿进行安全教育和自我保护技能培训，提高幼儿的安全意识和自救能力。可以通过游戏、故事等形式让幼儿更好地理解和掌握安全知识。

## • 任务二　处理意外伤害事故 •

### 学习目标

认知目标：掌握班级常见意外伤害事故、公共区域常见意外伤害事故、幼儿园突发事件及其预防处理方法。

技能目标：具有运用意外伤害事故相关知识，解决不同意外伤害事故的能力。

情感目标：树立重视幼儿安全的意识；养成富有爱心、细心、耐心、责任心的心理品质；形成严谨认真、临危不乱、随机应变的工作作风。

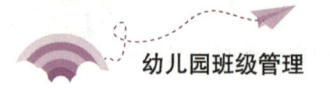

思政目标：树立尊重幼儿、热爱幼儿的职业理想，提升安全责任，增强依法执教的意识。

### 基础知识

《中小学幼儿园安全管理办法》规定，要"健全学校安全预警机制，制定突发事件应急预案，完善事故预防措施，及时排除安全隐患，不断提高学校安全工作管理水平"。幼儿园的安全工作关系到幼儿能否健康成长、教师能否安心工作，乃至家庭能否幸福、稳定。因此，要做好应急管理预案，并在关键时刻按照具体细节实施，从而加强幼儿园安全应急管理工作，提高幼儿园安全应急管理水平。

#### 一、班级常见意外伤害事故及预防处理

（一）摔伤

1. 易发生摔伤的情况

幼儿由于身体协调能力较差，容易摔倒受伤。常见的摔伤包括擦伤、瘀伤、骨折等。幼儿在玩耍、跑步、跳跃时可能会摔倒，导致擦伤、瘀伤甚至骨折等。

2. 处理方法

（1）立即检查伤势。首先要对幼儿进行全面的身体检查，查看是否有骨折、出血等严重伤势。根据伤势情况采取相应的急救措施。

（2）止血。如果幼儿有出血情况，应该及时止血。可以用干净的纱布或毛巾等压迫伤口，达到止血目的。

（3）清洁伤口。对于轻微的擦伤，可以用清水或生理盐水清洗伤口，然后涂上适量的消炎药膏，防止感染。

（4）冷敷或热敷。对于瘀伤或肿胀的部位，可以在受伤后的24小时内进行冷敷，以减轻疼痛和肿胀；在24小时后进行热敷，以促进血液循环和瘀血消散。

（5）固定骨折部位。如果幼儿发生骨折，应该用夹板或硬纸板等固定骨折部位，避免骨折部位移动，加重伤势。

（6）及时就医。如果幼儿的伤势较严重，如骨折、颅脑损伤等，应该及时送往医院进行治疗。

（7）记录事故经过。在处理完摔伤事故后，应该记录事故的经过和采取的措施，以便日后对事故进行调查和分析。

（二）碰撞伤害

1. 易发生碰撞伤害的情况

（1）幼儿追逐打闹。幼儿在玩耍过程中常常会相互追逐，如果没有及时制止，可能会发生摔倒、碰撞等意外，导致头部、脸部或其他部位受伤。

（2）滑梯等游乐设施使用不当。滑梯、秋千、攀爬架等是幼儿园常见的设施，如果幼儿在使用时没有遵守规则或者设施维护不当，可能会导致碰撞伤害。

（3）集体活动管理不善。在集体活动中，如果教师管理不善，幼儿可能会出现拥

挤、推搡等情况，导致碰撞伤害。

2. 处理方法

（1）加强安全管理。建立健全安全管理制度，加强对幼儿的安全教育和管理工作。制订安全预案，明确应对安全事故的流程和措施。同时，要定期检查班级环境和设施设备，确保其安全可靠。

（2）改善环境设施。要合理规划活动区域，并确保幼儿园设施符合安全标准，消除安全隐患。例如，滑梯、秋千、攀爬架等设施应该定期检查和维护。

（3）加强幼儿安全教育。通过日常教育和安全课程，教育幼儿遵守安全规则和秩序，提高他们的安全意识和自我保护能力。同时，要教育幼儿如何正确使用各种设施和物品，避免发生意外。

（4）提高教师的警惕。教师要时刻关注幼儿的行为和情绪状态，及时发现并制止危险行为。

（5）建立完善的监控系统。在班级的重要区域和门口设置监控系统，及时发现并处理安全隐患。

### （三）夹伤或刺伤

1. 易发生夹伤或刺伤的情况

幼儿在手工活动、区域活动中使用剪刀、铅笔或其他尖锐物品，或者在玩玩具时，可能会夹伤或刺伤自己。

2. 处理方法

（1）加强物品管理。教师应该对幼儿园内的尖锐物品进行管理，确保幼儿无法随意接触。例如，可以将尖锐物品存放在幼儿无法触及的地方，或者在使用时进行严格监督。

（2）教育幼儿正确使用物品。教育幼儿正确使用剪刀、铅笔等尖锐物品，教会他们如何正确握持，避免夹伤或刺伤。

（3）加强安全教育。通过日常教育和安全课程，教育幼儿注意安全，不随意玩耍尖锐物品和玩具，避免发生意外。

（4）及时处理伤口。如果发生夹伤或刺伤，教师应该及时采取措施，如用清水冲洗伤口、消毒等，并及时将幼儿送往医院进行处理。同时，要记录事故经过，以便日后对事故进行调查和分析。

### （四）烫伤或烧伤

1. 易发生烫伤或烧伤的情况

（1）幼儿接触到热水、热汤等高温物品。如果没有正确使用或放置热水、热汤等高温物品，幼儿误触，就可能导致烫伤或烧伤。

（2）幼儿接触到火源。幼儿对火的好奇心强，如果教师没有进行有效的监管，幼儿可能会玩火或靠近火源，导致烫伤或烧伤。

（3）电池等电器设备使用不当。如果幼儿园的电器设备管理不当，或者幼儿错误地使用电器设备，可能会造成电击或烫伤。

2. 处理方法

（1）加强热水、热汤的管理。确保热水、热汤等高温物品放置在幼儿无法触及的地方，避免幼儿接触到。同时，要教育幼儿正确使用热水、热汤等物品，避免烫伤。

（2）加强火源管理。进行严格的火源管理，避免幼儿接触到。同时，要教育幼儿不要玩火，加强消防安全教育。

（3）加强电器设备的使用管理。严格规范电器设备的使用和管理，确保幼儿无法随意使用电器设备。同时，要加强教育，让幼儿了解电器设备的安全使用规则。

（4）及时处理烫伤或烧伤。如果发生烫伤或烧伤，教师应该及时采取措施，如用冷水冲洗伤口、脱掉衣物等，并及时送往医院治疗。同时，要记录事故经过，以便日后对事故进行调查和分析。

### （五）窒息或吸入异物

1. 易发生窒息或吸入异物的情况

幼儿在吃东西或玩耍时可能会吸入或吞下小物品，导致窒息或呼吸不畅。幼儿可能在游戏或其他活动中不慎吸入异物，如球、玩具等，会导致窒息；在喝水时说话，可能会呛住导致窒息；在睡觉时舌头松弛后垂落堵塞气道，也会导致窒息。

2. 处理方法

（1）及时处理意外情况。如果幼儿发生窒息或吸入异物，教师应该及时采取措施，如进行急救、送往医院等。同时，要记录事故经过，以便日后对事故进行调查和分析。

（2）注意幼儿饮食安全。严格检查和管理幼儿的食物，确保食物没有过期或者混入异物。同时，要注意幼儿的进食方式，避免让幼儿吃过大或过硬的食物。

（3）加强监管和照顾。教师应该加强对幼儿的监管和照顾，及时发现和处理危险行为和情况。例如，在游戏活动中要注意幼儿的呼吸和运动情况，及时发现和纠正可能导致窒息的行为。

（4）进行安全教育，提供安全的玩具和物品。教育幼儿不要将小物品、玩具等放入口中，避免误吸导致窒息。同时，教育幼儿在吃东西时不要大声说话或嬉笑打闹，避免食物进入呼吸道。为幼儿提供安全的玩具和物品，避免提供过小或过于尖锐的物品，以免幼儿误吞或误吸。

 **知识卡片**

**海姆立克急救法的使用情境**

1. 观察情况

检查气管异物梗阻情况，口述气管异物种类、大小和发生的情况。呼唤幼儿："宝宝，怎么了，是排骨卡在喉咙里了吗？别害怕，老师马上帮你排出来。你一直都是一个勇敢的小朋友，现在需要你配合一下老师，好吗？"

2. 急救处理

（1）站立或跪立于幼儿背后，双手环绕幼儿腰部，将幼儿身体前倾。

（2）一手食指、中指置于肚脐上方，一手握空心拳，将拇指侧紧抵幼儿腹部正中线,肚脐上方两横指处,剑突下方。

(3)用另一只手握住拳头,反复快速向上向内冲击幼儿的上腹部,约一秒一次。重复以上步骤,直至幼儿将异物排出或幼儿失去反应。如幼儿出现呼吸骤停,应立即拨打120并立刻实施心肺复苏。

3. 随机安全教育

"宝宝,我们刚才发生了一点小意外,现在已经将异物吐出来了,以后进餐一定要养成良好的习惯,不能跟小朋友嬉笑打闹,这样才能远离意外哦。那你先在这里休息一下,如果有什么不舒服你就告诉老师,好吗?"

4. 与家属取得联系

"××爸爸/妈妈您好,我是幼儿园的老师。宝宝在刚才进餐时不小心把排骨卡在了喉咙里面,别着急别着急,我们已经进行了紧急处理,现在已经把排骨吐出来了。目前宝宝已经意识清醒了,状态也比较好了。那您现在方便过来一趟吗?好的好的,我在幼儿园等您。再见。"

5. 整理工作

用七步洗手法洗净双手,记录急救情况。

## 二、公共区域常见意外伤害事故及预防处理

### (一)踩踏

1. 易发生踩踏的情况

首先,当人员较为集中时,由于拥挤或前面有人不慎摔倒,后面人未留意,没有止步,会发生踩踏;人群受到惊吓,产生恐慌,如听到尖叫声、爆炸声等,或面对突如其来的变故,会出现惊慌失措的失控局面,在无组织无目的的逃生中容易相互拥挤踩踏;人群因过于激动(兴奋、愤怒等)而出现骚乱,易发生踩踏;部分道路不畅、照明不足等情况也会增加发生踩踏事故的风险。其次,幼儿受好奇心驱使,专门找人多拥挤处去探索究竟,会造成不必要的人员集中而导致踩踏。再次,在上下楼梯时,幼儿拥挤、起哄、恶作剧、打闹、推搡、突然停留和开玩笑等,更容易发生踩踏事故。最后,日常管理与防范制度存在漏洞,校园踩踏应急预案缺乏实效性,如缺少现场第一反应人、现场干预、安全员看护等,会加剧踩踏事故的恶劣影响。

2. 处理方法

(1)组织有序的活动。教师应该有序组织幼儿在园内的各种活动,避免发生拥挤、混乱等情况。同时,要加强对幼儿的行为管理,教育他们遵守秩序和规定。

(2)制定紧急预案。幼儿园应该制定紧急预案,明确应对踩踏等安全事故的流程和措施。同时,要定期组织演练和培训,提高教师和幼儿的应急处置能力。

(3)加强宣传教育。幼儿园应该加强对幼儿和家长的宣传教育,提高他们的安全意识和自我保护能力。同时,要向家长宣传幼儿园的安全规定和要求,共同维护幼儿的安全。

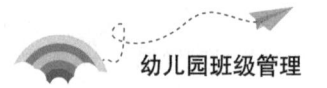

（4）加强安全管理。幼儿园应该建立健全安全管理制度，加强对幼儿的安全教育和管理工作。同时，要定期检查园内设施设备，确保其安全可靠。

（5）一旦发生踩踏事故，幼儿园应该及时采取措施，救治受伤人员，调查事故原因，并完善应急预案，避免类似事故再次发生。

（二）坠楼

1. 易发生坠楼的情况

幼儿园的窗户开启不当和缺乏安全设施。例如，窗户没有安装防护栏或安全网，或者窗户的高度不够，幼儿可以轻易攀爬或跌落。此外，如果幼儿园的安全管理不到位，窗户未及时关闭或看护不当，也可能导致幼儿坠楼事故的发生。幼儿从高处跌落可能导致骨折或其他严重伤害。

2. 处理方法

（1）加强安全管理。幼儿园应该加强安全管理，完善安全设施，以减少或避免坠楼事故的发生。第一，确保所有窗户都有安全护栏或安全网，并定期检查确认其完好。同时，确保窗户开启不宜过大，避免幼儿跌落。此外，幼儿园应制定窗户管理制度，规定窗户的开启、关闭时间等，并加强日常巡查。第二，在幼儿园的楼梯、窗户、通道等处设置安全围栏和楼梯扶手，确保幼儿不能轻易攀爬或跌落。

（2）强化安全教育。定期开展幼儿安全教育活动，通过游戏、故事、儿歌等形式向幼儿传授安全知识，提高他们的安全意识。教育幼儿遵守安全规定，不随意攀爬窗户、楼梯等高处。

（3）加强监控与巡查。在幼儿园内安装监控摄像头，覆盖幼儿园各个角落，以便及时发现安全隐患。同时，加强日常巡查，特别是对重点区域的巡查，如楼梯、窗户等。

（三）溺水

1. 易发生溺水的情况

幼儿对水的好奇心强、对危险认知不足、缺乏成人的看护和意外发生时无人救援等，都会导致幼儿容易在非游泳区域溺水。

2. 处理方法

（1）预防措施。家长或监护人应加强对幼儿的看护，教育幼儿认识水域危险，不独自下水玩耍。同时，幼儿园应加强安全教育，教授幼儿防溺水知识，增强他们的安全意识。

（2）现场急救。一旦发生溺水事故，应立即拨打急救电话，并尽快将溺水幼儿救起。在等待专业救援人员到来的过程中，可以采取一些简单的急救措施，如按压溺水幼儿腹部排水等。

（3）后续处理。溺水幼儿被救上岸后，应立即清除其口鼻内的水分及异物，保持其呼吸道通畅。如果幼儿心跳呼吸停止，应立即进行心肺复苏，同时通知医院前来救治。

（四）大型玩具玩耍意外伤害

1. 易发生大型玩具玩耍意外伤害的情况

一是大型玩具的设施问题。大型玩具设备老化、破损、维护不当等，会导致幼儿在玩耍过程中受伤。二是幼儿行为不当。幼儿在玩耍过程中因过于兴奋而乱跑、不遵守规则等，容易导致意外伤害。三是教师看护不当。教师疏忽大意或人手不足，无法及时发现并制止幼儿的危险行为，导致意外发生。四是安全教育不足。幼儿缺乏安全意识，不知道如何正确使用大型玩具，也不知道如何避免危险，使意外发生的风险增加。

2. 处理方法

（1）加强设施检查与维护。定期对大型玩具进行检查、维修和更换，检查周边环境的安全，清理杂物，确保设施的安全性。

（2）加强幼儿行为管理和教育。教育幼儿遵守游戏规则，要求他们在玩耍时保持安静、有序、不乱跑、不打闹。同时，加强监督和巡查，及时发现并制止幼儿的危险行为。通过游戏、故事、儿歌等形式向幼儿传授安全知识，提高他们的安全意识。同时，教育幼儿遵守安全规定，正确使用大型玩具，避免发生意外伤害。

（3）加强教师培训与明确教师职责。对教师进行安全教育培训，提高他们的安全意识和应急处理能力。同时，明确教师的安全职责，要求他们认真履行看护职责，确保幼儿的安全。

（4）家长沟通与合作。加强与家长的沟通与合作，让家长了解幼儿园的安全管理措施，提醒家长注意家庭安全，共同保障幼儿的安全。

### 学有所思

结合常见的意外伤害事故预防和处理相关知识，请你谈谈幼儿园、家庭、社区如何在幼儿园意外伤害事故发生时承担好自己的责任。

### 三、突发事件及处理

#### （一）火电伤害

1. 发生火电伤害的原因

幼儿园电线老化、乱拉接临时线、液化气操作不当、食堂油锅过热、易燃易爆物品使用和保管不当等，都可能导致火灾事故发生。

### 案例探索

据四川省遂宁市消防救援支队通报，2023年3月20日9点56分，遂宁市消防救援支队接到多人报警称，河东新区某幼儿园发生火灾，现场浓烟较大。支队立即调派德水路特勤站三辆消防车前往处置。据悉，消防救援人员到达时，火势已扑灭。消防救援人员对现场进行了排烟降毒，本次火灾为排烟管道破损致烟，无人员伤亡，目前该校已恢复正常。

（资料来源：红星新闻，《遂宁一幼儿园发生火灾：系排烟管道破损，无人员伤亡》，https://www.360kuai.com/pc/987db4f5faac8bec9?cota=3&kuai_so=1&sign=360_57c3bbd1&refer_scene=so_1，有改动。）

【分析】在幼儿园发生火灾时，教师要采取紧急应对措施，拨打119请求消防救援人员帮助，合理安排和疏散人员。

2. 处理方法

（1）在火灾发生时，要立即启动应急预案，组织师生员工疏散逃生，并拨打火警电话报警。同时，要尽快疏散人群，控制火势，尽可能地减少火灾造成的损失。

（2）建立完善的火灾应急预案，包括火灾报警、疏散逃生、灭火救援等方面的内容，并进行定期演练，提高师生员工的应急处置能力。园长是幼儿园消防安全第一责任人，需要全面负责本园的消防安全工作，根据消防法律、法规制定消防安全管理体制，并落实消防安全责任制。

（3）对师生员工进行消防安全教育，普及基本消防知识，让他们学会正确使用灭火器材，掌握逃生方法。

（4）加强检查，发现火灾隐患要及时整改，保持通道畅通，不堆物。对于火灾事故的调查处理，要按照相关法律法规和规定进行，找出事故原因，追究相关责任人的责任，并采取有效措施防止类似事故再次发生。

 知识卡片

### 幼儿园危机管理

1. 树立危机意识，加强责任教育

管理者应该居安思危，充分认识危机管理的重大意义，必须意识到，危机虽然是小概率事件，但一旦发生其损害和危害是巨大的。最大的安全隐患是人的责任心的缺失。幼儿园应对所有教职员工进行职业道德教育，重点加强教职员工的爱心和责任心，使大家真正做到以爱心、责任心教育和保护好幼儿，让每个幼儿都能健康、快乐地成长。

2. 加强全园危机管理信息资源建设

幼儿园除采集常规信息外，还应采集危机处理时所需的相关信息，如危机管理社会支持网络、紧急情况记录表、幼儿园每日危机检查内容一览表、幼儿家庭基本情况登记表等。

3. 开展危机管理方案练习或演习

安全自护教育是一项长期的教育任务，需要切实可行的方案和常规化训练。一方面，幼儿园管理者要有意识地在园内利用园本培训等方式组织开展危机管理方案练习或演习；另一方面，要加强防范意识，并对教职工进行必要的训练。

4. 成立危机管理小组

幼儿园管理者应高度重视防范和解决突发安全事故，面对突发意外事件必须做到职责明确、措施到位。为了使相关人员在危机事故发生时各司其职，及时有效地应对，幼儿园可组建危机管理工作小组。小组人数多少取决于幼儿园规模的大小。幼儿园的规模越大，小组人数越多。小组成员至少应包括如下人员：管理者（园长）、后勤主任、保健医生、各年级组长、两名保育员、两名家长和一名警员。

（资料来源：刘艳芝，《从安全问题谈幼儿园危机管理》，《教育导刊（下半月）》2010年第8期，第72页，有改动。）

### （二）食物中毒

1. 发生食物中毒的原因

幼儿园发生食物中毒的原因有多种，最常见的是食物不卫生，包括细菌、病毒、霉菌等病原体污染食物，或者食物本身含有毒素，幼儿误食有毒物品或药物，会导致中毒症状。此外，食物保存不当、加工不当、过期等也是引起食物中毒的原因之一。

2. 处理方法

（1）及时报告。一旦发现有食物中毒的现象，应及时向相关部门报告，包括食品药品监督管理部门、卫生部门等。同时，要保留好中毒食物和患者呕吐物、排泄物样本，以便后续检测和调查。

（2）催吐。对于刚刚进食不久的幼儿，可以进行催吐，通过呕吐将有毒食物排出体外，从而减少毒素的吸收。但是催吐需要注意时机和方式，避免误吸和加重病情。

（3）洗胃、药物治疗。面对催吐无效或者中毒时间较长的情况，应立即将幼儿送到医院，交给医护人员进行洗胃，将胃内的有毒食物清洗出来。对于特定的食物中毒，可以使用相应的药物治疗，如细菌性食物中毒可以使用抗生素治疗，真菌性食物中毒可以使用抗真菌药物治疗等。

（4）补充水分和电解质。呕吐、腹泻等症状较重的幼儿需要补充足够的水分和电解质，以维持身体的正常代谢功能。

（5）追根溯源。在处理食物中毒事件时，需要追根溯源，找出中毒的原因和源头，以便采取有效的预防措施，防止类似事件再次发生。

### （三）暴力入侵

1. 发生暴力入侵的原因

幼儿园暴力入侵事件是指在幼儿园内或门口发生的，针对在园幼儿的，以暴力行为为主要特征的犯罪事件。行凶者可能来自校内，如教职工或临聘人员；也可能来自校外，如与幼儿园有关人员发生纠纷的人员。另外，也有可能是精神分裂或出于报复社会、发泄等目的的人员。这些犯罪者将恶意对准手无缚鸡之力的幼儿，带来极大的伤害和影响。

2. 处理方法

（1）快速反应。一旦发生暴力入侵事件，幼儿园应立即启动应急预案，采取必要的措施来保护师生的安全。

（2）沉着应对。幼儿园师生要保持冷静，不要惊慌失措，采取正确的应对措施。

（3）报警求助。幼儿园应立即报警，向警方求助，请求警方尽快到场处理。

（4）组织疏散。幼儿园应组织师生疏散到安全的地方，确保他们的安全。

（5）保护现场。幼儿园应保护现场，不要破坏任何证据，以便警方进行调查。

（6）加强安保。幼儿园应加强安保措施，增加安保人员，提高安保人员的素质和能力，确保幼儿园的安全。

（7）配合调查。幼儿园应配合警方的调查工作，提供必要的证据和信息。

（8）心理疏导。幼儿园应提供心理疏导，对受到惊吓的师生进行心理辅导，帮助他们摆脱心理阴影。加强对幼儿的保护和教育，提高他们的安全意识和自我保护能力。

（9）完善预案。幼儿园应完善应急预案，提高预防和处理暴力事件的能力，确保师生的安全。此外，还需要相关部门完善相关法律法规，加大对暴力犯罪的打击力度，保护幼儿的权益和安全。

### 案例探索

据"北流公安"微信公众号消息，2021年4月28日，北流市新丰镇一幼儿园发生持刀行凶案件，犯罪嫌疑人曾某被北流警方当场抓获。案发后，公安部、公安厅和玉林市公安局派出工作组赴北流指导办案。审讯中发现犯罪嫌疑人曾某精神异常。4月29日，经司法鉴定机构鉴定，初步认定犯罪嫌疑人曾某为精神分裂症患者。目前，2名伤者经抢救无效死亡，16名受伤人员病情稳定，正在医院继续接受治疗。

（资料来源：搜狐新闻，《广西北流幼儿园2死16伤伤害事故：嫌犯为精神分裂症患者》，https://www.sohu.com/a/463842326_99988005，有改动。）

【分析】各地各校要全面加强校园安保措施，加强门卫值守和校园巡查警戒工作，严格执行中小学生和幼儿入校（园）、离校（园）交接制度，强化外来人员登记和车辆、物品检查，严防不法分子和危险物品进入校园。全面开展一次地毯式、拉网式安全隐患大排查大整治，及时查找安保漏洞，切实做到"谁主管、谁排查、谁负责"。配合公安机关认真落实上下学时段"高峰勤务"和"护学岗"机制，确保重点时段学校门口"见警察、见警车、见警灯"；协助做好涉校涉生矛盾纠纷排查化解、校园周边重点人员稳控工作，严防发生极端事件。

### （四）自然灾害

虽然自然灾害如地震、火灾、洪水、台风等人力无法控制，但通过模拟演习，幼可以了解如何应对这些灾害,从而减少人员伤亡和财产损失。对自然灾害的处理方法具体如下。

1. 防雷应急处置

在暴雨、闪电、雷鸣等即将发生时,应立即切断园内电源,召集幼儿回到教室,关好门窗,防止球形雷(滚雷)窜入室内造成危害。若发生雷击伤害事故,应立即拨打120,让专业医生组织抢救,并通知受伤幼儿的监护人马上赶赴现场或医院。

2. 防台风、暴雨工作

一是清走廊,台风登陆前要清理阳台、走廊上的杂物、花盆等。二是关门窗,台风、暴雨来临时,风力、雨量较大,要关好门窗,防止风雨损坏门窗、家具和造成人员伤亡。三是疏通园所建筑房屋上的天沟、落水管,对全园大树进行修剪和加固。四是对全园建筑物的避雷设施及室外电线进行全面安全检查。

3. 地震、洪灾

地震应急处理:一是紧急避险,地震发生时,教师立即指挥幼儿躲在桌下或墙角,双手护头,远离窗户、悬挂物等危险区域;二是有序疏散,震动停止后,按预定路线迅速撤离至空旷安全区域,避免使用电梯,防止余震危险;三是安抚与检查,疏散后,教师安抚幼儿情绪,清点人数,检查受伤情况,并及时联系家长和救援人员。

洪灾应急处理:一是预警与准备,密切关注天气预警,提前检查排水系统,储备沙袋、救生衣等物资,确保应急通道畅通;二是疏散与转移,洪水来临时,迅速组织幼儿撤离至高处或安全区域,教师全程看护,避免幼儿靠近积水或危险地带;三是安全防护,洪水期间防止幼儿接触积水,避免触电或溺水,洪水退去后检查园内设施,确保安全后再恢复活动。

### 案例探索

用时17秒,将32名幼儿有序撤离教室,无一人受伤。这是贵州赫章县城关镇中心幼儿园教师何梅在地震发生时交出的一份"安全答卷"。

2020年7月2日上午11时11分,贵州省赫章县发生4.5级地震,办公室里的何梅感受到强烈震动,第一时间冲向距离安全出口最远的教室,组织学生就地躲藏避险,待震感一消失,立即组织大家靠墙向外疏散。整个过程仅用了17秒,被网友称为"教科书式的撤离",何梅成了"最美逆行教师"。

(资料来源:人民网,《"全国教书育人楷模"何梅:用爱护佑学前儿童》,http://gz.people.com.cn/n2/2020/0910/c222152-34282785.html,有改动。)

4. 环境污染事故

调查幼儿园周边的环境污染源,发现可能造成环境污染的源头物,应及时联系环保部门,并备案这些污染源可能产生的影响和处理办法。

## 行动研修

### 任务一：班级就餐安全管理

#### 一、任务目标

（一）总体目标

知道幼儿进餐时的适宜管理行为，能够按照操作要点进行班级安全管理。

（二）具体目标

1. 能区分适宜的幼儿就餐安全管理行为，识别幼儿就餐过程中存在的安全隐患。
2. 能够根据具体情况进行适宜的幼儿就餐安全管理操作，对幼儿进行就餐安全教育。
3. 回想本班幼儿的就餐情况，根据表2-2-2、表2-2-3进行填写。

表2-2-2　幼儿就餐行为清单

| 幼儿行为清单 | 符合的打"√" |
| --- | --- |
| 1. 幼儿进餐前主动洗手，擦干净手 | |
| 2. 幼儿坐在位置上好好吃饭，不说话 | |
| 3. 幼儿把脚伸到餐桌外面，嘴咬着勺子、筷子玩 | |
| 4. 幼儿吃饭过快，或边吃边说笑 | |
| 5. 幼儿吃完饭后，把餐具放到回收桶里 | |

表2-2-3　教师指导就餐行为清单

| 教师行为清单 | 符合的打"√" |
| --- | --- |
| 1. 进餐前引导幼儿洗手，进行餐前教育（参考"进餐提醒小儿歌"） | |
| 2. 教导幼儿吃饭时把腿收到餐桌下面，不把餐具当玩具 | |
| 3. 就餐中批评幼儿，导致幼儿紧张或哭泣 | |
| 4. 从幼儿头顶递饭菜 | |
| 5. 教导幼儿安静就餐不说话，要细嚼慢咽 | |

#### 二、任务要求

1. 明确幼儿就餐前、就餐时、就餐后存在的安全隐患，掌握教师正确的就餐指导。
2. 观察并记录就餐过程中幼儿的行为，分析与总结。
3. 观察并记录幼儿就餐过程中教师的指导行为，分析与总结。

### 三、情境任务

（1）找一找，发现安全隐患：制作幼儿就餐安全隐患清单，列出具体的行为表现。

（2）用一用，安全小工具：设计幼儿过敏食物清单、进餐提醒小儿歌等。

（3）说一说，获得家长的支持：提醒家长培养幼儿家中就餐的良好习惯，并在就餐时注意幼儿提醒。

## 任务二：设计幼儿园防踩踏应急预案

### 一、任务目标

（一）总体目标

运用所学知识，设计幼儿园相关主题的应急预案。

（二）具体目标

1. 掌握幼儿园意外事故产生的原因，易发生的状况、地点等。
2. 设计幼儿园防踩踏的应急预案，列明预防措施以及处理方法。

### 二、任务要求

1. 明确幼儿园不同类型意外事故的应急预案。
2. 列出活动小组分工表格，明确小组分工的要点。
3. 能够按要求处理相应应急事件，记录自己的言行。

### 三、情境任务

（一）撰写应急预案

参照以下应急预案模板，根据幼儿园工作实际情况设计防踩踏应急预案。

#### "幼儿拥挤踩踏事件"应急预案（参考）

一、成立"预防幼儿拥挤踩踏事件"应急工作领导小组

组长：***（园长）

副组长：***（副园长/后勤主任）

组员：全体行政后勤及所有教职员工

二、职责

1. 加强领导，健全组织，强化工作职责，制订应急预案和落实各项措施，完善工作机制和应急保障系统。

2. 领导小组成员要识别容易出现踩踏风险的地点，重点防范，运用各种形式加强对幼儿的行为规范教育、安全教育、遵守秩序教育，增强幼儿的自我保护意识……

三、教师职责及对幼儿的安全教育要求

1. 各班要经常对幼儿进行文明礼仪教育，不要拥挤，防止踩踏等不安全事故的发生；对有这种现象的幼儿要给予批评教育，使其改正错误行为。

2. 制止故意打闹等不良现象，防止拥堵现象的发生……

（二）突发状况处理：幼儿休克如何处理？

根据所学知识，列明幼儿意外休克后应采取的措施步骤，以及可采用的得体话术。

## 在线测试

1. 幼儿园晨检时强调"一摸、二看、三问、四查","三问"是（　　）。
   A. 问幼儿是否携带危险物品　　　　B. 问幼儿是否有哪里不适
   C. 询问家长幼儿在家有无异常　　　D. 问幼儿在家的表现情况
2. 预防幼儿异物入体，以下说法不妥当的一项是（　　）。
   A. 幼儿进餐时不惊吓、逗乐幼儿
   B. 幼儿能吸入或吞入的物品不应作为玩具使用
   C. 为锻炼幼儿的咀嚼能力，让孩子多食用花生米、瓜子及带核、带骨、带刺的食物
   D. 教育幼儿不要把别针、豆子、玻璃珠等小物件塞进嘴、鼻孔、耳朵里
3. 管理好幼儿的午睡，严格执行岗位责任制。幼儿午睡时不离岗不串岗，不做私事，不闲谈，每隔（　　）分钟巡视观察一次，天冷勤盖被，天热勤擦汗，对情绪不安的幼儿耐心抚慰，发现异常及时处理。
   A. 5～10　　　　B. 20～30　　　　C. 15～20　　　　D. 10～15
4. 正确的鼻出血处理措施是（　　）。
   A. 让患儿仰头十分钟　　　　　　　B. 立即去医院处理
   C. 用湿毛巾冷敷患儿前额、鼻部　　D. 止血后立刻游戏
5. 幼儿出血时血液凝固得较慢，需要（　　）分钟。
   A. 3～4　　　　　B. 4～6　　　　　C. 6～7　　　　　D. 7～9
6. 无论何种事件发生时，要首先保证（　　）生命安全。
   A. 家长　　　　　B. 幼儿　　　　　C. 老师　　　　　D. 园长

## 课后学习指导

1. 大学生慕课——幼儿园班级管理（南通大学），https://www.icourse163.org/course/NTU-1469757176?from=searchPage&outVendor=zw_mooc_pcssjg_。
2. 李娟梅、许同昇著，《看得懂，做得会：幼儿园一日生活安全管理》，华东师范大学出版社2022年版。

模块二 幼儿园班级的日常管理

### 模块二 项目二 学习情况评价表

| 评价项目 | | 评价标准 | 状态水平描述 | | |
|---|---|---|---|---|---|
| | | | 自我评价 | 小组评价 | 教师评价 |
| 学习内容评价 | 知识 | 1. 是否理解幼儿园班级安全管理的含义 | | | |
| | | 2. 是否掌握班级一日生活各环节的安全隐患和安全工作注意事项 | | | |
| | | 3. 能否描述幼儿园意外伤害事故的类型及处理方法 | | | |
| | 能力 | 1. 是否具有运用班级安全管理知识安全组织班级一日生活的能力 | | | |
| | | 2. 是否初步形成对一日生活安全管理进行观察与分析,并运用班级安全管理知识分析幼儿园教育现象的能力 | | | |
| | | 3. 能否将意外伤害事故知识运用到幼儿园班级管理中 | | | |
| | 素养 | 1. 是否树立关爱幼儿、尊重幼儿、重视幼儿安全的意识 | | | |
| | | 2. 是否养成富有爱心、细心、耐心、责任心的心理品质 | | | |
| | | 3. 是否具有注重幼儿成长价值,促进幼儿健康快乐成长的信念 | | | |
| 学习表现评价 | 学习态度 | 1. 是否认真学习本项目内容 | | | |
| | | 2. 是否积极参与课堂讨论和小组活动 | | | |
| | | 3. 是否认真完成练习题和拓展实践 | | | |
| | | 4. 是否积极思考并主动向同学和保教人员请教问题 | | | |
| | 学习能力 | 1. 能否运用本项目内容结合实际情况分析班级安全管理中的安全隐患 | | | |
| | | 2. 能否结合本项目内容反思幼儿园班级安全管理活动 | | | |
| | | 3. 能否主动查阅相关书籍进行拓展阅读 | | | |
| 综合评价 | 自我评价: 小组评价: 保教人员评价: | | | | |

# 项目三  人际关系处理

## 内容导读

人际关系是指人与人之间相互联系、相互作用的关系。在当今社会，无论是在个人生活中还是在职场环境中，人际关系都是至关重要的。首先，人际关系对于个人的成长和发展至关重要。良好的人际关系可以让我们更好地了解别人，开拓视野，增长知识和能力。其次，良好的人际关系对于个人职场发展非常重要。对于幼儿教师而言，与幼儿和家长保持良好的沟通关系可以提高工作效率、提升工作幸福感。最后，人际关系对于个人生活的幸福感和质量有着极为重要的影响。人是社会性动物，每个人都渴望与他人建立联系，获得温暖与支持。人际关系是幼儿教师在入职适应期间需要解决的首要难题，人际关系适应不良会导致初任幼儿教师工作满意度降低，甚至离职。作为一名幼儿教师，最常处理的人际关系是与幼儿的关系以及与同事的关系。那么，如何处理这些关系呢？在跟幼儿和同事相处的过程中需要注意什么问题？怎么做才能更好地获得同事和幼儿的信任与喜爱呢？

### 任务一  建立幼儿教师与幼儿的关系

#### 学习目标

认知目标：正确了解师幼关系及处理师幼关系的基本方法。
技能目标：熟练处理与幼儿的人际关系，并能处理与特殊幼儿的人际关系。
情感目标：认识到人际关系的重要性，愿意与幼儿友好相处。
思政目标：在与幼儿交往的过程中坚持爱幼的理念，创造和谐、温馨的工作氛围。

#### 基础知识

在幼儿园日常教育教学中，教师与幼儿之间是一种平等的互动关系。师幼互动是贯穿幼儿日常生活的最核心的人际关系，是幼儿园教育的重要组成部分。首先，良好的师幼关系能极大地调动幼儿参与日常教学活动的积极性、主动性，使幼儿从与教师的互动中得到关爱，有利于幼儿的个性发展，促进幼儿日常的学习成长以及身心健康发展。其次，良好的师幼关系有助于教师树立榜样作用。再次，师幼关系是教育过程的基本体现，也是幼儿园课程的基本要素。近年来的研究和实践证明，幼儿园的人际交往环境，特别是师幼关系的质量和水平是决定幼儿身心发展的关键，是幼儿园教育应当花大力气抓的最重要、最本质的环节。

## 一、幼儿教师的角色定位

### （一）认知教育的启蒙者

幼儿的认知教育基于幼儿的心理特征、求知愿望以及学前教育的特点，看似平淡无奇的认字、唱歌、跳舞、游戏活动，实则蕴含丰富的幼教理论，与家庭启蒙存在显著不同。家庭启蒙侧重家长的感受与要求，教育内容零散浅显，概要说教；幼儿教师的启蒙教育遵循幼儿心智发育规律，循序渐进，系统推进，尤其是在教育方式上，幼儿教师要以平等的姿态与幼儿耐心对话，巧妙引导，愉悦互动。作为一名合格的认知教育的启蒙者，幼儿教师应做到以下五点：

第一，理解幼儿独特的心理发展特点，根据幼儿的心理发展特点及其生活经验设计出相应的教育活动，并成功实施。

第二，理解不同的幼儿在生活经验、发展水平、发展速度、优势领域等方面的个体差异，根据幼儿的不同特点因材施教。

第三，具备为幼儿提供良好的物理环境和温馨的心理环境的能力，在物理环境的创设过程中能够为幼儿的学习提供多样化的材料，使其能在优良的环境中潜移默化地学习。

第四，以游戏为基本活动方式，为幼儿提供丰富、适宜的游戏材料，规划出利用充分、设计合理的游戏活动空间，并支持、引导和促进幼儿的游戏。

第五，有效地运用观察、谈话、家园联系、作品分析等多种方法，客观、全面地了解和评价幼儿，并根据评价结果指导下一步教育活动的开展。

### （二）幼儿生活的照顾者

幼儿教师的工作对象是3～6岁的幼儿，这一阶段的幼儿独立性较差，对成人的依赖性较强。从备受宠爱的家庭环境到面孔陌生、规范施教的幼儿园，多数幼儿都心存排斥和抵触，甚至哭闹不止，要求回家，更需要从教师那里获得父母一般的关爱，这样更有利于建立良好的师幼关系，让幼儿喜欢上幼儿园。因此，幼儿教师应首先引导新入园的幼儿熟悉新环境，结交新朋友，适应新生活，让每个幼儿都感到老师像父母一样关心自己，无微不至地照顾自己的饮食起居，纠正自己的不良习惯和个性。幼儿教师要在细致了解、培育感情的基础上，尊重幼儿的个体差异，耐心培养幼儿吃饭、午睡等良好生活习惯。幼儿教师在实施教学的过程中，要遵循幼儿教育保教结合的特殊原则，帮助幼儿学习穿衣吃饭，掌握基本的生活常识，培养良好的生活习惯。

### （三）互动交往的对话者

师幼之间的平等交往和互动是实现有效幼儿教育，促进双方共同成长的重要基础。师幼之间的交流和对话能够帮助彼此更加了解对方的意图和想法，有效提升教育的默契。一方面，可以营造轻松愉悦的氛围，使幼儿得到安全感和归属感，进一步鼓励幼儿在活动中更加自由地表现和创造；另一方面，教师与幼儿的双向交流与互动，使得彼此间不只是传递知识、训练技能的教学关系，而且是增进理解与共识，促进有效交往与协作的伙伴关系。

### （四）活动的关注者和回应者

教师通过积极关注和回应幼儿不同的活动，能够发现和了解不同幼儿的兴趣和认知发展水平。如区域活动中的表演游戏、角色游戏，户外活动中的集体游戏或小组游戏，集体教学活动中的故事讲解和问题讨论环节，等等，都包含师幼交往和协商的情景，积极的关注和回应能够使教师更加了解幼儿当时的心理状况和认知发展水平。此外，当幼儿独自或与同伴一起解决一个问题、完成一项任务、创造一件作品时，难免会遇到疑惑和障碍，教师的积极关注和回应可以为幼儿指点迷津，开拓思路。应当指出，教师的关注的和回应不是指立刻给予幼儿解决问题的办法和策略，而是缓解幼儿出现的不良情绪反应，或在幼儿表现良好时给予及时肯定和赞赏，或防范和规避个别幼儿扰乱游戏活动，或调解幼儿与同伴间发生的冲突。

### （五）活动的支持者和引导者

幼儿的学习和发展并非同教育过程完全同步或一致，对处于不同生长和发育阶段的幼儿来说，其学习是建立在模仿、感知、操作、体验的基础上的。因此，具体给幼儿提供什么样的学习材料、操作物品、活动环境，教师在很大程度上拥有自主权和决策权，可以进行周密、系统的布局和设计。哪些材料在体现适宜性的同时又能够激发幼儿的兴趣，哪些活动类型能够调动幼儿的积极性，需要教师作出客观和正确的判断，以促进幼儿与同伴间的合作学习和交往。总之，教师是幼儿活动的支持者和引导者，需要尽可能地为幼儿提供适合并促进其学习和发展的条件。受每个幼儿关注的兴趣点、认知发展水平各异以及客观环境的制约，教师需要考虑现阶段幼儿发展的关键经验，以此为目标和导向，适时地介入活动情境，以指点、提示、参与合作的方式给予支持和引导，使幼儿能够顺利地开展活动。

### （六）情绪情感的调控者

幼儿情绪往往处于激动迅猛的状态，而且势头强烈，来去匆匆。年龄越小，这种冲动而强烈的情绪就越明显。例如，3岁幼儿想要一个洋娃娃而得不到，就会不顾一切地大哭大闹，短时间内不能平静下来。教师要求"听话，乖，不要哭"，幼儿是根本听不进去的。这时，教师需要及时安慰与引导，帮助幼儿逐渐稳定情绪。良好的师幼关系对幼儿情绪情感的健康发展具有重要意义，幼儿教师在保育教育的过程中要重视幼儿情感的需求，积极引导幼儿情感向健康、和谐、适度的方向发展，促进幼儿人格的茁壮成长，让幼儿拥有幸福的童年生活。

 知识卡片

---

**幼儿常见的情绪表现**

1. 快乐

快乐是追求并达到目的时所产生的满足体验。幼儿快乐的需求目标比较低，但敏感度较高，更多是追求感官的满足和及时享乐。幼儿教师是最有可能轻而易举带给幼儿快乐体验的"关键人物"，一个眼神、一个拥抱、一句夸赞、会意一笑等正向积极的鼓舞类、示好类表达都足以使幼儿产生快乐情绪。因此，幼儿教师要尽可能创造不同层次的快乐体验，与幼儿共度美好的师幼生活。

2. 愤怒

愤怒是个人意愿遭到挫折或对客观事物不满时，为寻求心理平衡而产生的强烈情绪，其本质是人为了紧急自卫而采取的"应激"状态。幼儿在与教师或同伴的交往过程中产生矛盾时，自己的行为或意图表达不清楚时，抑或是受到不公正待遇时，会生气、发怒，并伴有跺脚、捶桌子、满地打滚、暴跳如雷等夸张地表达内心强烈不满的负面行为。当外界条件改变，得到了教师和同伴的关注与理解时，幼儿又会表现得温顺平和，恢复愉快活跃的状态。幼儿的愤怒不容易控制，但是很容易消退，他们对愤怒的体验比较外露且强烈。受认知所限，他们尚未达到深层次的憎恶乃至仇恨。

3. 悲伤

悲伤与失去所盼望、所追求的东西和目标有关，是在失去心爱的对象或愿望破灭、理想不能实现时所产生的情绪体验。幼儿自我意识开始形成，并开始在意别人的看法，但由于他们经验与能力不足，往往达不到自己的目标要求，所以有时会产生悲伤的情感。在这种情况下，幼儿教师要及时疏导幼儿，提供健康积极的情绪发泄方式，引导幼儿建立自信心，乐观面对生活。当然，幼儿的悲伤也有其正面价值，有利于幼儿社会性联结的发展，对幼儿是非观念及道德的启蒙有着辅助认知功能。

4. 恐惧

恐惧是企图摆脱、逃避某种危险情境时所产生的情绪体验。幼儿恐惧多是认知的有限造成的。许多成人习以为常的事情，幼儿可能充满恐惧，如怕黑、怕打雷、怕医生、怕怪物等。幼儿的恐惧往往来自认识的偏差或认知的不足，幼儿每一次克服恐惧都是一次重要的成长。因此，幼儿教师要弄清楚幼儿恐惧的原因，找到其认知盲区，进行科普，引导幼儿以积极健康的生活态度面对周围事物，鼓励幼儿主动寻求帮助，自我疏导，自我安慰。

5. 焦虑

焦虑是人们遇到挑战、困难或危险时产生的情绪反应，常表现为忧虑、紧张、失望和不安。幼儿常见的焦虑有分离焦虑、环境焦虑、境遇焦虑等。教师在处理幼儿的焦虑情绪时，一定要弄清楚幼儿因何焦虑，找到焦虑的诱因。另外，教师要有足够的耐心去安慰和解释，让幼儿的焦虑得到缓解和安抚。

（资料来源：朱小蔓、钟芳芳主编，《教师情感表达与师幼关系构建操作手册（幼儿园教师卷）》，北京师范大学出版社2018年版，有改动。）

#### （七）游戏中的伙伴

游戏是幼儿园活动的基本形式，深受幼儿的喜爱，但由于幼儿年龄较小，游戏组织能力有限，因此教师要扮演好"伙伴"的角色，与幼儿一起合作、一起游戏。最重要的是，教师要以游戏者的身份参与幼儿的游戏，成为游戏角色之一，与幼儿一起扮演角色、一起下棋、一起搭建房子、一起画画、一起探索神奇的科学世界、一起观察神秘的植物生活……在游戏中完成教育目标，同时与幼儿建立更加亲密的关系，走进幼儿的世界，了解他们真实的想法。这不仅有利于幼儿的身心和谐发展，也有利于教师自身专业的成长。

#### （八）幼儿教育的研究者

幼儿教师想要扮演好启蒙者、照顾者、对话者、关注者、回应者、引导者等角色，首先要成为幼儿教育的研究者。幼儿教师仅凭脑海中过往存留的知识和经验、方法与技巧，难以应对现实幼儿教育复杂和迅猛的发展态势，也难以满足促进幼儿身心全面和谐健康发展的需求。幼儿教育工作者应当是一名研究者，其研究的内容包含幼儿园课程、幼儿园环境创设、幼儿心理、教师职业素养、幼儿的学习和发展等。幼儿教师对这些方面的研究能够使自身获得渊博的专业知识、扎实的专业能力、深厚的专业素养，从而提升自身的可持续发展能力。

### 二、与幼儿交往的一般方法

#### （一）拥有童心

很多时候，幼儿教师深得幼儿的喜爱是因为同幼儿一样保持可贵的童心，因而可以体验幼儿的喜怒哀乐，共情他们的各种心情，积极分享他们的情感体验。我们时常看到幼儿教师会情不自禁地噘着嘴，扮着鬼脸，和幼儿的表情一样。这不是教师特意表演，而是教师在丰富的情感体验或者特定的情境中与幼儿共情。幼儿教师面对幼儿要保持童心，以自己的童心唤起幼儿的童心，用幼儿的眼睛去观察，用幼儿的耳朵去倾听，用幼儿的兴趣去探索，用幼儿的情感去热爱。与幼儿共情不是件容易的事情，这要求教师首先有关注心灵成长的能力，教师要以自己的心灵与幼儿的心灵相映照，真正做到"心心相印"。正如苏联教育家苏霍姆林斯基所说，"把整个心灵献给孩子"。拥有童心，幼儿教师才能跟幼儿成为好朋友，参与幼儿的一切游戏和活动，与幼儿的心更近、与幼儿的关系更融洽，也更容易进行相应的教育活动。

#### （二）以温和的态度对待幼儿

陈鹤琴先生说："一个满面笑容的教师，大家都会喜欢。如果成天板着一副面孔，要跟他人建立良好的关系就不太容易。"与态度严厉的教师相比，态度温和的教师更受幼儿欢迎和喜爱。幼儿的内心很敏感也很脆弱，幼儿教师的"发火相"会深深地印在他们的脑海中，他们每做一件事情都会担心自己会让老师发脾气。长此以往，幼儿会形成谨小慎微、保守自闭的性格，做事总是缩手缩脚，什么都不敢尝试，不能出一点错，偶尔遇到危险就止步不前、惴惴不安，严重者会出现心理学上的"无差错症"。对于态度粗暴的教师，幼儿只有畏惧感而无亲近感。态度粗暴的教师喜欢凌驾于幼儿之上，居高临下彰显"师威"，他们喜欢掌控幼儿的一举一动，板着脸训话。在幼儿看来，爱发脾气的教师是不可爱的、令人恐惧的、丑陋的。马卡连柯认为,不能控制自己情绪的人不能成为好老师。教师每发一次脾气都像钉子钉在幼儿的内心,即便是日后极力控制脾气、道歉认错,也很难拔掉留在幼儿心灵上的"钉子"。因此,教师应控制自己的脾气,以温和的态度对待幼儿,要学会有智慧地忽略,学会宽容、耐心地对待幼儿。当心情不好时,教师甚至可以申请不带班,不和幼儿接触,这些都远比迁怒于幼儿、戕害他们的心灵要好得多。

### (三) 善于微笑

面对幼儿成长中的负面事件,很多情况下教师由于应接不暇,会不假思索地作出决断。倘若教师是真正地爱幼儿,愿意设身处地地感受幼儿的心灵,就要给予幼儿最真诚的体态语言——微笑。微笑可以增添幼儿教师的魅力,可以给予幼儿战胜困难的勇气,可以拉近教师与幼儿的距离,让幼儿更加喜欢教师(图2-3-1)。微笑是教师与幼儿沟通情感的桥梁,也是教师情感回应的最美语言。教师的微笑拥有无穷的教育力量,展现

图2-3-1 与幼儿一起笑的教师

了师幼之间的平等与和谐;教师微笑面对幼儿,能营造宽松的师幼交往环境,使幼儿感受到教师的理解、关心、宽容和鼓励。教师的微笑应该是善意的、发自内心的,而不应该是装出来的、无奈的、痛苦的。只有心里装着幼儿的教师才会有甜美的、会心的、善意的微笑。只有真正尊重幼儿感受、尊重幼儿人格、尊重幼儿潜能,教师的微笑才能起作用。

### (四) 以爱心、耐心对待幼儿

要成为幼儿真正的教育者,就要把自己的爱心奉献给他们。幼儿教育是爱的教育,幼儿教师首先要爱幼儿、关心幼儿,有高度的责任感和事业心。例如,面对小班刚入园幼儿的入园焦虑问题,教师要注意观察他们的情绪变化和需要,在生活上要细心关怀和无微不至地照顾他们,如帮他们提裤子、为他们梳头,抱抱他、摸摸他,给他讲故事,陪他玩玩具、做游戏,等等,从而建立良好的师幼关系。

幼儿教师还要有耐心。幼儿教育保教并重,幼儿年龄小,理解能力、接受能力有限,控制能力也较差。在教他们时,很多事情要反复去做,很多话要反复去说。例如:见到老师要问好、不要随便丢玩具、上课发言要举手等行为常规的培养需要每天强调;对于经常扔垃圾的幼儿,教师要多给他讲环保知识,督促他捡起来,做个光荣的环保小卫士;当幼儿反复出现问题行为时,教师不应失去信心,而应采取有效的教育方法,以正面教育为主,积极引导,使其尽快地改正,养成良好的文明行为和习惯。

## 提升师幼互动效果的有效策略

**1. 回应幼儿的好奇心**

好奇是幼儿的天性，他们乐于探索各种新奇的事物，好奇心是驱使幼儿主动学习的重要因素，通过欣赏、鼓励和促进幼儿的好奇心，教师可以与幼儿进行高质量的互动，为幼儿的学习奠定基础。可以说，好奇心是互动的"邀请卡"。在幼儿园的一日生活中，幼儿几乎每时每刻都在展示着他们的好奇心，这些时刻是建立师幼互动的成熟时机，也是促进幼儿学习和思考的契机，对提升师幼互动效果有积极作用。为此，教师要积极回应幼儿的好奇心，建立高质量的师幼互动，为教学活动的开展与幼儿的学习创造完美条件。实践证明，对幼儿的好奇心做出回应，会使其在今后的学习中展现出更多的好奇心，且能逐渐认识到什么是"好奇"，学会用"好奇""好奇心"等词汇，同时还能提高幼儿的观察能力，使其更加关注身边的细节。

**2. 与幼儿一起欢笑**

在幼儿的一日生活中，欢笑始终伴随其左右，幼儿园中最不缺少的就是他们的欢声笑语。可以说，欢笑、好玩、搞笑是构建高质量师幼互动的有力抓手，利用好玩笑或幽默故事，教师可以与幼儿建立亲密的关系，提升师幼互动效率，进而促进幼儿更好地学习。为此，教师要利用一切幽默、搞笑的手段，让幼儿感觉到有趣、好玩，进而主动参与教育活动。教师的幽默是拉近师幼关系的"利器"，与幼儿一起欢笑，不仅能让幼儿与教师在一起时更加轻松、自在，还能让幼儿更加亲近教师，乐于与教师互动，乐于接受教师的指导。因此，幼儿教师要争做一个有趣的人，并留心观察幼儿的兴趣和关注的话题，与幼儿一起享受欢乐，给幼儿带去快乐和学习的机会。

**3. 善用提问艺术**

师幼互动的过程是教与学的过程，因此师幼互动的任何环节都是幼儿学习的契机，而提问能点燃师幼互动之火，它不仅能促进幼儿开动脑筋，还能让师幼互动更具目的性，促进教师与幼儿之间的相互影响和作用，提升师幼互动效果。为此，教师要善用提问艺术，建立高质量师幼互动。

首先，教师要清楚问什么样的问题以及如何提问，这就意味着教师要根据幼儿的学习需求进行提问。其次，教师要有目的地选择问题，这就要求教师知晓各种各样的问题，且储备大量的问题信息，能针对不同的情境选择，同时，教师要考虑幼儿的个体差异，根据幼儿的学情和认知经验进行提问。最后，教师要掌握必要的提问技巧，做到观察在先，提问在后，这样才能使问题与幼儿"同频共振"；并且在提出问题时要发出信号，如可以做出假装思考的表情或动作，让幼儿知道这是在提问。

（资料来源：冯纯，《增强师幼互动焕发教育活力——提升幼儿园师幼互动效果的有效策略》，《试题与研究》2023年第13期，第114～116页，有改动。）

## 三、与特殊幼儿交往的方法

### （一）攻击性幼儿

攻击性行为是指有意通过攻击、威胁、辱骂等行为伤害他人的心理、身体，引起他人痛苦、厌恶等反应的任何行为。幼儿攻击性行为是幼儿最常见的行为之一，它会阻碍幼儿的性格、能力等心理品质正常发展。幼儿教师在与攻击性幼儿交往时可采用以下应对方式：

第一，约束自己的情绪。在处理幼儿的攻击性行为时，教师必须要意识到自己的情绪状态。如果教师表现出过于愤怒、暴躁等情绪或者失去控制，将会对幼儿产生负面影响，导致幼儿的行为更加暴力。因此，教师需要先控制好自己的情绪，保持镇静。

第二，了解攻击性行为的原因。幼儿的攻击性行为是有原因的，当幼儿重复表现出攻击性行为时，教师需要了解攻击性行为的根源，如是否幼儿需要关注或者幼儿受他人攻击而采取自我保护措施等。教师需要花时间和幼儿沟通，了解幼儿的感受和想法，尝试帮助幼儿更好地处理自己的情感和行为。

第三，建立有效的沟通。教师需要与幼儿建立有效的沟通渠道。在处理幼儿的攻击性行为时，沟通是非常重要的。将愿意倾听、理解和支持幼儿的态度传达给幼儿，可以让幼儿觉得自己不再孤独，知道自己可以找到理解自己的人。因此，教师应该倾听幼儿的心声，并鼓励他们分享自己的感受和想法。

第四，保持公正。无论幼儿的身份、性别、种族或其他因素，教师都必须根据实际情况来解决问题。在处理攻击性行为时，教师应该判定事件的实际情况并采取恰当的处理措施，保证每个幼儿都受到公正的待遇。

### 案例探索

泽泽很喜欢搭积木，几乎每次区域活动都能在积木区看到他的影子。但有一次开展区域活动时，有幼儿来向教师"告状"，说泽泽把他们的建构作品推翻了，还将积木扔向其他幼儿。教师耐心地向泽泽询问原因，原来他在区域活动开始时去上了洗手间，回来时发现多了好几个人，空间有些拥挤，他还想进去搭建。有同伴告诉他："泽泽，这里太挤了，你去选其他区域吧！"泽泽笑着答应了，可是他突然双手一推，就把别人搭建的作品推翻，还拿起一块积木扔向同伴，之后笑嘻嘻地跑了。

【分析】幼儿园常有一些幼儿对其他小朋友不是很友好。如有些幼儿看到好玩的玩具就要与别人抢，想要自己独占，不愿意与他人分享，还有些幼儿甚至与同伴大打出手。这些都是常见的攻击性行为。攻击性行为在不同年龄阶段有不同表现，幼儿阶段主要是咬人、吵架、打架等行为。幼儿晚期还会有更多的语言攻击，如谩骂和诋毁等。案例中泽泽的行为就是幼儿初期的攻击性行为。除了矫正引导以外，教师还要帮助幼儿建立正确表达情绪情感的行为系统，提供榜样示范，让幼儿不断强化练习，最终戒除不良表达习惯。

### （二）说谎的幼儿

幼儿说谎的现象在家庭和幼儿园中并不罕见，是幼儿社会化进程中的普遍现象。幼儿说谎的原因主要有以下六种：

第一，想象和现实混淆。幼儿在三四岁时想象力得到一定的发展，从这时起，他们开始出现想象性说谎，并且频次逐渐增加。他们会经常将想象和现实混淆，认为想象的事物就是已经拥有的事物，或者希望发生的事情就是现实的事情。

第二，渴望获得表扬。3~6岁是幼儿自信心萌芽的时期，这一时期的幼儿在回答问题时表现得更加积极踊跃。例如，当教师提问"有谁会自己穿衣服""谁是我们班力气最大的"时，幼儿会踊跃举手希望被教师注意到，获得教师的表扬。

第三，理解上的错误。幼儿有时会因为理解能力不足出现无意说谎。根据皮亚杰的认知发展阶段理论，2~7岁的幼儿处于前运算阶段，这一阶段幼儿的思维表现出具体性、不可逆性和刻板性。因此，他们不能够灵活地理解他人的语义，从而导致无意说谎。

第四，逃避惩罚或获得奖赏。在日常生活中，幼儿可能会为了逃避某种惩罚或获得父母老师的夸奖而有意说谎。

第五，取悦他人。幼儿还会为了取悦父母或者周围的人而说谎。这种说谎行为在一定程度上体现了幼儿的社会性和认知水平达到相对成熟的阶段。

第六，满足虚荣心。随着年龄的增长和认知经验的增加，幼儿会逐渐出现虚荣心理，为了满足某种虚荣心而说谎。这种说谎行为是为了在同伴交往中获得优越感。

对于说谎的幼儿，教师不应该着急给幼儿定性，批评幼儿，可采用以下应对方式：

第一，不要随意给幼儿贴标签。幼儿的说谎通常并没有要故意伤害别人的目的，往往是无意识的行为，不要因为幼儿的一两次说谎行为就给幼儿定性，贴上"大话王""吹牛王""小骗子"等不好的标签，这样做不但不能正确地引导幼儿改正说谎行为，反而会强化这种行为，幼儿会因此觉得很好玩，而更频繁地说谎。再者，如果身边的人都觉得自己是一个不诚实爱说谎的幼儿，幼儿的自尊心会受到伤害，不利于其正确行为的形成和保持。

第二，证实幼儿是否在说谎。幼儿的童真世界与成人的世界有着很大的区别。当怀疑幼儿说谎时，应该先冷静客观地了解和调查清楚，不要立马主观判断幼儿就是在说谎，因为有时成人的判断可能是不准确的。鲁莽地判断幼儿的行为并指责或惩罚幼儿，会让幼儿很委屈，因为他们还没有足够的能力解释和辨别。这样会严重影响幼儿的身心健康，甚至会影响师幼关系。

第三，创建轻松、愉悦、民主的环境。如果幼儿经常为了逃避惩罚而说谎，教师就应该尽力营造民主的成长环境，给予更多的耐心和爱心，深入了解幼儿做错事的缘由。要给幼儿创设一个自由表达的环境，让幼儿在诚实地表达了所犯错误之后不至于被责骂。在民主的环境下，幼儿犯错后就能如实说出真相，寻求他人的理解。

### （三）胆怯退缩的幼儿

在幼儿园里，除了活泼、可爱的幼儿外，也有个别性格比较孤僻、胆怯、退缩的幼儿。他们比较自卑，喜欢独处，不敢自我表现，遇到困难畏缩不前，不主动参与集体性活动，缺乏合作交往意识，不能和同伴友好相处、发展友谊、建立良好的同伴关系，甚至被其他幼儿欺负。这些不良的情绪会影响他们的健康发展和良好行为的形成。对于这些幼儿，幼儿教师可采用以下应对方式：

第一，建立安全感。为了让幼儿尽快适应幼儿园的环境和群体生活，教师应给予幼儿更多的关心和照顾，尽力营造轻松、和谐的氛围，让幼儿感受到教师像父母一样可亲、可靠，让其体验到幼儿园像家一样温暖、安全。例如：每天晨迎接待时，教师可以摸摸幼儿的脸蛋，握握幼儿的小手，让他们一进幼儿园就有安全感；在活动过程中，教师应多关注这些幼儿，多鼓励、多指导。教师应当多与幼儿沟通交流，关注幼儿的情绪变化，与其建立较为亲密的关系，为他们营造温暖安全的环境，帮助他们与同伴进行良好互动，使其体验到交往的乐趣。

第二，树立自信心。教师应给这部分幼儿提供更多展示自己、帮助他人的机会。例如，针对幼儿在活动中不敢回答问题，不敢大声发表自己想法这一情况，创造机会让他多回答问题，让他扮演适当的角色，充当教师的助手，充分展示自我。当幼儿在活动中体验到了成就感，自信心被一点点找回来，就会变得开朗、大方，敢于与同伴交往。教师还可以采取树立榜样与鼓励、信任相结合的方法，让幼儿树立自信、战胜自我。在实际的活动开展过程中，教师要注重语气以及语言的运用，消极的语言会使幼儿产生消极的情绪，对幼儿的成长产生不利的影响。同样，直白的引导和教学不能有效地使幼儿体会成长。因此，教师要运用暗示性的语言充分引导幼儿，增强幼儿的自信心。

第三，改善同伴交往质量。在班级环境中，欺负事件可谓屡见不鲜。对于受欺负幼儿与旁观幼儿，教师可以通过适宜的绘本故事，如《不要随便欺负我》《被欺负了可以打回去吗》等，帮助幼儿正确认识欺负行为，引导幼儿树立反欺负意识，并充分了解受到欺负或目睹欺负事件时应当怎样合理应对。

**学有所思**

面对幼儿在幼儿园被欺侮，幼儿教师应该如何应对？如何进行家园共育？

## · 任务二　幼儿教师与同事之间的关系 ·

 **学习目标**

认知目标：正确了解幼儿教师与同事之间的关系及与同事相处的基本原则。
技能目标：能较好地处理与同事的人际关系。
情感目标：认识人际关系的重要性，愿意与同事友好相处。
思政目标：在与同事交往的过程中坚持合作的理念，创造和谐、温馨的工作氛围。

幼儿园班级管理

## 基础知识

良好的同事关系对幼儿教师自身的发展及幼儿的发展都具有重要意义。良好的同事关系可以帮助幼儿教师提高工作效率，减少摩擦和矛盾，从而更好地完成工作。同事之间相互尊重和支持，可以营造一个积极的工作氛围，提高幼儿教师的工作满意度和士气。通过与同事的合作和交流，幼儿教师可以分享经验和知识，提高自己的专业水平。此外，同事之间的支持和鼓励可以帮助幼儿教师克服困难，提高自我价值感和满足感。良好的同事关系对幼儿的发展也非常重要。同事之间相互尊重和支持，可以为幼儿提供良好的榜样，帮助他们学会与人相处和合作，促进他们的学习和成长。

### 一、幼儿教师与同事的分工

当今幼儿园班级大多配备了"两教一保"，即一名主班教师，一名配班教师和一名保育员。三名教师的分工合作要实现"三位一体"，齐心协力共同管理好班级，提升保教质量（表2-3-1）。三名教师分工如下：

主班教师：主班教师是班级的负责人，负责制订教学计划、组织教学活动和评估幼儿的学习成果。主班教师需要具备良好的教学能力，能够选择适合幼儿发展的教学内容和方法。

配班教师：配班教师主要协助主班教师开展教学工作，负责辅助教学、管理课堂秩序，协助幼儿完成学习任务等。配班教师需要具备较好的沟通能力和组织能力，能够与主班教师密切合作，为幼儿提供良好的学习环境。

保育员：保育员负责照顾幼儿的日常生活，包括饮食、卫生、休息等方面，确保幼儿的饮食安全、个人卫生和休息质量，与家长保持良好沟通，关注幼儿的身体健康和心理需求。

表2-3-1 ××幼儿园教师、保育员一日工作时间、流程、分工安排

| | 时间 | 分工安排 |
|---|---|---|
| 上午 | 7:30—8:10 入园接待、区域活动 | 主班教师开窗通风，接幼儿、晨检（负责记录），组织桌面玩具，指导幼儿将衣物放到指定位置。区域活动时由教师共同组织指导幼儿活动（教师分工负责各个区域）。中途来园幼儿由主班教师负责晨检。保育员取水杯。 |
| | 8:10—8:30 如厕、整队 | 主班教师安排幼儿分组及分组后留下的幼儿的秩序，配班教师组织幼儿如厕、盥洗。提前20分钟（7:50）组织幼儿排队如厕，清点幼儿人数。 |
| | 8:30—8:50 早操 | 教师共同组织早操，队伍前、后各一名教师，主班教师在前带操，上报本班教师和幼儿就餐人数。早操时间进行室内紫外线消毒，配班教师打开消毒灯。 |
| | 8:50—9:00 如厕、喝水 | 主班教师安排幼儿分组如厕，组织没有如厕的幼儿进行简单游戏或谈话活动；配班教师带领幼儿站队、如厕、洗手、喝水。 |

（续　表）

| 时　　间 | 分　工　安　排 |
| --- | --- |
| 上午 | |
| 9：00—9：30（大）<br>9：00—9：25（中）<br>9：00—9：20（小）<br>主题活动 | 主班教师负责活动前幼儿点名，然后进行教育教学活动；配班教师不统一组织学习时协助并准备区域活动材料，填写各种记录。 |
| 9：30—10：00<br>如厕、喝水、加餐 | 主班教师安排幼儿分组及分组后留下的幼儿的秩序，配班教师组织幼儿如厕、盥洗、喝水。主班教师分配和组织加餐，有剥皮等烦琐需求时由配班教师协助；配班教师准备户外活动的材料、场地。 |
| 10：00—10：30<br>户外活动 | 教师将幼儿送到活动场地，主班教师进行活动前安全谈话，配班教师安排活动器械和场地；主班教师组织户外活动，配班教师协助。保育员整理室内室外卫生及班内物品。 |
| 10：30—10：50<br>如厕、喝水 | 主班教师安排幼儿分组如厕，组织没有如厕的幼儿进行简单游戏或谈话活动；配班教师带领幼儿站队、如厕、洗手、喝水。 |
| 10：50—11：10<br>特色活动（音乐课） | 主班教师组织幼儿餐前音乐课，配班教师协助。保育员做餐前准备工作。 |
| 11：10—11：20<br>餐前准备 | 主班教师按要求组织幼儿活动、如厕，配班教师、保育员抬床，保育员取餐具。 |
| 中午 | |
| 11：20—11：50<br>就餐 | 主、配班教师餐后整理，主班教师记录幼儿人数。保育员负责桌面桌椅卫生。 |
| 11：50—12：00<br>睡前准备 | 主班教师组织幼儿饭后散步、如厕、上床。配班教师组织幼儿睡前听音乐、小故事（要求幼儿睡前脱掉外套，女孩辫子解开）。 |
| 12：00—14：30<br>午休 | 午检、午休（值班教师负责组织、记录），随时查看幼儿午休情况，及时为蹬被子的幼儿盖被子，纠正幼儿的不正确睡姿。发现异常情况及时汇报并正确处理。严禁在幼儿休息时聊天。 |
| 14：30—15：00<br>起床小便喝水<br>14：00<br>教师上岗 | 14：20放轻音乐叫醒幼儿，主班教师与配班教师交接工作，清点幼儿人数。主班教师组织幼儿起床，给女孩梳头，配班教师有序组织幼儿如厕、喝水，保育员整理寝室卫生。配班教师及保育员抬床。 |
| 下午 | |
| 15：00—15：30（大）<br>15：00—15：25（中）<br>15：00—15：20（小）<br>主题活动 | 配班教师按照周计划组织主题活动，保育员整理班内卫生及楼梯卫生，主班教师备课。 |
| 15：30—16：00<br>如厕、喝水、加餐 | 安排及要求同9：30—10：00。 |
| 16：00—16：40<br>户外游戏 | 教师将幼儿送到活动场地，主班教师进行活动前安全谈话，配班教师安排活动器械和场地。保育员整理室内室外卫生及班内物品。主班教师组织户外活动，配班教师协助。 |
| 16：40—17：00<br>如厕、喝水 | 教师按分工要求组织幼儿如厕、盥洗、喝水，并排好队，检查鞋帽衣服是否整齐，清点幼儿人数。保育员清洗幼儿水杯，并与毛巾一起送至消毒室。 |
| 17：10—17：20<br>离园活动 | 直到幼儿接送完毕，教师方可下班。做好第二天晨间活动准备工作及最后的卫生工作，关好水电门窗下班。 |

## 二、幼儿教师与同事间关系的定位

### （一）教师与教师的关系

1. 合作者

幼儿教育是一项综合性任务，需要教师在多个方面协同合作，才能更好地满足幼儿的需求。团队中的每名教师都有自己的专长，团队合作可以充分发挥每名教师的长处，互相补充不足，提高整体教学水平。

2. 资源共享者

个人的力量有限，资源也是有限的。幼儿园班级三名教师工作的共同目标是将班级管理好，促进幼儿的发展。所以，必须集中优势资源，实现资源互补，才能更好地完成班级各项工作。资源共享可以让幼儿教师节省许多时间和精力，提高教育质量。

3. 专业成长互助者

幼儿园每一名教师都有自己独特的专长。这些不一样的专长为幼儿教师提供了良好的学习空间和条件，这不仅为工作中的合作互动奠定了基础，也对教师自身的专业成长起到了有力的促进作用。通过专业互助互学，可以帮助教师更有目的地提升自己的专业素养，同时提高工作效率。

### （二）教师与保育员的关系

在幼儿园教育中，教师和保育员是两个不可或缺的角色。教师负责教学和引导，而保育员则负责照顾和教育幼儿。虽然二者的职责略有不同，但他们的工作相互补充，需要密切配合才能更好地促进幼儿的发展。保教结合是我国幼儿教育的一大特色，也是幼儿园一贯坚持的原则，能确保幼儿的身体健康和智力、情感、品德等全面发展。这意味着教师和保育员应该携手合作，共同关注幼儿的身体和心理健康，注重幼儿个性化的成长发展，提供有针对性的多样化的教育活动，让幼儿在愉悦、安全、健康的环境中成长。

 学有所思

作为一名新老师，应该如何与同事相处呢？

## 三、幼儿教师与同事交往的原则

### （一）真诚

真诚就是真心与诚实。幼儿教师群体以女性为主，女性通常温柔细腻，却也十分敏感，相处时间长了，难免会出现这样或那样的矛盾，因各种原因互相猜疑。美国心理学家曾对受人欢迎的个性品质进行调查，结果发现，真诚是最受欢迎的个性品质；相反，猜忌是人心中的毒蛇，是滋生流言的温床，是谋害心理健康的杀手，会给彼此造成更大的伤害。因此，一旦产生误会，应该尽量找机会开诚布公地解释清楚，避免互相猜忌。

同时,应该保持公正诚实,秉持诚实信任的信念与同事交往,不因别人能力强而嫉妒,也不因别人能力弱而冷落。

### (二)接纳

接纳是对他人的尊重,无论是否同意他人的观点、想法,都应该让对方充分表达出来。每个人都有自己的兴趣与爱好、缺点与不足,如果对和自己不同的观点与事物采取拒绝的态度,就会影响正常交往。接纳原则要求幼儿教师不要对他人轻易下判断,而应给予他人充分的空间表达自己,以宽容的心态对待他人的不足。但应注意,接纳对方并不等于赞同对方的不良行为,对于原则、立场等重大问题上的错误观点,可以不接纳,但应注意采取恰当的态度和表达方法。

### (三)换位思考

习惯从自身预设的既定标准来看待对方、用自己的经验感受进行判断,而没有同理心,不能很好地接纳对方的看法与观点,就会使交往对象感到失望、沮丧,信任度降低,造成交往障碍。同理心是以对方的参照标准来看待事物,像感受自己一样去感受对方的情感体验,交往双方处于平等地位。换位思考原则要求具备同理心,能站在对方的立场理解对方,了解导致这种情形的原因,让对方了解自己是设身处地地理解对方。

### (四)互利双赢

幼儿教师在交往中既要尊重他人利益,也要维护自身的合法利益。同事之间无论是在工作上还是生活上,都要互相关心、互相帮助、互相尊重,尊重对方的劳动成果,增进彼此间的理解和信任,正确看待竞争与合作,学会与他人分享,实现双赢。

### (五)友好相处

幼儿园中的工作实际上表现的是一种人与人相互依存的关系。因为培养和教育幼儿,让下一代健康快乐地成长,是幼儿园全体教师共同的愿望和事业,必须依靠合作才能完成。合作需要气氛上的和谐一致,和谐的起点要有友好相处的愿望。与人为善、友好相处是幼儿园建立愉快、和谐氛围的基础。在与同事交往中,如果发生原则上的矛盾,必须以集体利益为重,绝不退让;若是产生名利上的纠纷,在不失原则的情况下,尽量发扬风格;若是小事引起的矛盾,就最好装糊涂,做到"得饶人处且饶人""有理也要让三分"。凡事不要斤斤计较,宽宏大度是化解人际危机的良方。

### 案例探索

新学期,幼儿园根据实际情况安排进行人员调整,我和年轻的李老师搭班。

新学期开始,许多工作需要用下班后的时间完成,之前我问李老师下班后是否有空留下大家一起加班,李老师说她晚上有安排了。为了不影响班级环境创设的进度,我就独自留下来加班。但仅凭一个人的力量是不够的,于是我询问李老师能否一起完成剩余工作,李老师依旧说不能参加。因为之前没在一起搭过班,不太了解对方的工作情况,而这几次李老师不太积极配合,对班级工作不上心,让我有些苦恼。

那段时间李老师的工作状态也不好，对班级事务不太积极，做事不上心。我想这样下去不是办法，作为班主任有责任提醒李老师。于是我决定找李老师好好谈一谈，但如何沟通才能让对方欣然接受并且做出改变呢？

我思量了一番后，决定从关心询问她生活情况入手。刚开始李老师不太愿意说，但随着话题的深入，李老师慢慢敞开了心扉，吐露是出现了情感问题。于是我开导她，每个人都会遇到情感上的问题，但不要因为生活情感上的负面情绪而影响了工作，特别是我们的工作对象又是这么特殊的群体。面对生活，我们要积极乐观；面对工作，我们要认真负责，这样才能不负家长、幼儿园对我们的信任，不负可爱的孩子们，不负光荣的幼儿教师称呼。今后凡事可以多沟通多商量，希望我们齐心协力，共同努力把班级工作做好。

经过这次深入交谈，李老师状态逐渐转变。工作中，我们分工合作，认真、积极、主动地完成自己的工作；生活上，彼此真诚对待，当对方有困难时给予力所能及的帮助。

（资料来源:《新手教师专业发展自我评价体系（试用版）》，2008年。）

【分析】案例中的情况对幼教行业来说是比较常见的。在幼儿园班级管理工作中，教师之间、教师与保育员之间的关系是否融洽、配合是否默契、沟通是否到位，将会直接影响班级管理工作的质量。当教师发现搭班沟通不顺利，应及时主动找搭班老师了解其原因，提出解决方法。

## 模拟幼儿园班级教师共同完成任务

### 一、任务目标

（一）总体目标

明确幼儿园班级教师的分工，能利用幼儿园教师同事交往的原则共同完成任务。

（二）具体目标

1. 了解主班教师、副班教师和保育员的不同分工及关系定位。
2. 能根据幼儿园教师同事交往的原则共同完成任务。

### 二、任务要求

1. 列出活动分工表格。
2. 明确分工合作要点。
3. 记录自己所扮演角色的关键行为及语言。
4. 根据幼儿园教师同事交往的原则分析所记录的关键行为及语言。

### 三、情境任务

（一）组织家长会

秋季学期马上要开学了，在这之前，小班要组织新生家长开第一次家长会。请进行

模块二　幼儿园班级的日常管理

角色分配，分别扮演主班教师、副班教师、保育员的角色，共同模拟组织家长会的过程。

（二）准备优秀班级评比活动

幼儿园准备进行优秀班级评比活动，每个班要准备好评比材料。请进行角色分配，分别扮演主班教师、副班教师、保育员的角色，共同模拟优秀班级评选的准备工作。

 在线测试

1. 小南在幼儿园经常打人，让班上的老师很头疼。以下教师的做法不正确的是（　　）。
    A. 控制好情绪，好好跟幼儿沟通　　　B. 尽量把小南跟其他幼儿隔离开
    C. 想办法了解幼儿攻击行为的原因　　D. 多跟幼儿及其家长沟通
2. 以下不属于幼儿教师的角色定位的是（　　）。
    A. 启蒙者　　　　B. 照顾者　　　　C. 领导者　　　　D. 引导者
3. 结构化面试：你的搭档被调走了，新来的同事跟你配合不好，你该怎么办？
4. 结构化面试：你心中理想的师幼关系是什么样子的？应该如何建立？

参考答案

### 课后学习指导

1. 晏红著，《幼儿教师与家长沟通之道》，中国轻工业出版社2018年第2版。
2. 刘云艳主编，《给幼儿园教师的101条建议：幼儿心理健康教育》，南京师范大学出版社2014年版。
3. 贾云、尹坚勤、吴巍莹，《同事间信任对幼儿园教师消极情绪的影响：职业延迟满足的中介作用》，《学前教育研究》2021年第6期，第70～80页。

 评价反思

模块二　项目三　学习情况评价表

| 评价项目 | | 评价标准 | 状态水平描述 | | |
| --- | --- | --- | --- | --- | --- |
| | | | 自我评价 | 小组评价 | 教师评价 |
| 学习内容评价 | 师幼及同事关系的建立 | 1. 是否了解与幼儿交往的一般方法<br>2. 是否了解与同事交往的原则<br>3. 是否理解建立良好师幼关系、同事关系的重要性 | | | |
| 学习表现评价 | 学习态度 | 1. 是否认真学习本项目内容<br>2. 是否积极参与课堂讨论和小组活动<br>3. 是否认真完成练习题和拓展实践 | | | |

（续　表）

| 评 价 项 目 | | 评 价 标 准 | 状态水平描述 | | |
|---|---|---|---|---|---|
| | | | 自我评价 | 小组评价 | 教师评价 |
| 学习表现评价 | 学习态度 | 4. 是否积极思考并主动向同学和保教人员请教问题 | | | |
| | 学习能力 | 1. 能否运用本项目内容结合实际与特殊幼儿交往 | | | |
| | | 2. 能否结合本项目内容对师幼交往活动进行反思 | | | |
| | | 3. 能否主动查阅相关书籍进行拓展阅读 | | | |
| 综合评价 | 自我评价：<br>小组评价：<br>保教人员评价： | | | | |

# 项目四　班级其他事务管理

## 内容导读

幼儿园班级事务管理包括物品管理、文案管理和信息管理。物品管理确保教育资源有效利用，保障幼儿活动需求；文案管理记录幼儿成长历程，支持个性化教学与家园沟通；信息管理借助信息技术优化工作流程，提升决策效率和家园互动质量。这三方面构成了幼儿园精细化运营的基础，对教育质量和管理水平的提升具有重要意义。了解相关事务管理的含义、意义，以及相关管理方法和技巧，能够帮助幼儿教师更好地理解和掌握幼儿园的各项管理工作，进而优化班级管理，使其更加高效便捷，有力地推动幼儿园整体工作的有序开展和持续改进。

### 任务一　班级物品管理

#### 学习目标

认知目标：知道班级物品管理的含义和重要性。
技能目标：掌握班级物品管理的实用方法和技巧。
情感目标：增强主动规划班级事务的意识。
思政目标：通过对班级物品的管理，提高责任感和自主意识。

#### 基础知识

##### 一、班级物品管理的含义

班级物品管理是指对班级日常所需物品进行有效组织、规划和监管的过程。这包括对各类物品的合理配置、清晰分类、定期检查和维护，旨在为幼儿提供安全、整洁、有序的学习环境，提高幼儿的自主能力，同时服务教师，提高教学效率。

##### 二、班级物品管理的意义

（一）服务幼儿

一个有序的学习环境能让幼儿生活得更加舒展自如，从而创造温馨的班级氛围。同时，引导幼儿参与物品管理，有助于幼儿养成整洁、有序的生活习惯，并且更容易增强责任心及自主能力，这对幼儿未来的学习和生活都可能会产生深远影响。

> **案例探索**
>
> 一个春日的午后，王老师组织了一场"找找看"游戏，邀请小朋友们一起寻找教室中可能遗落的玩具。
> 【分析】通过这个活动，幼儿不仅找回了遗失的玩具，还学到了如何保管自己的物品。这样的情境化学习使得物品管理不再是枯燥的任务，而是变成了一场有趣的冒险，让幼儿体验到在活动中学习的乐趣。

#### （二）支持教师

有序的物品管理对教师的工作至关重要，因为教师与班级物品接触最频繁，受物品管理情况的影响也最直接。有序的物品管理环境能让教师的工作氛围更加温馨，同时，盘点物品材料并分类管理，能够使教师更容易找到所需物品，因此教师能够更专注保教工作，确保教育教学质量的提高。

### 三、班级物品管理的主体

#### （一）教师

教师作为物品管理的核心主体，不仅在教学过程中扮演着知识传授者的角色，而且肩负着精心打理学习环境的责任。教师全面规划、巧妙分类和定期检查维护班级物品，将直接影响幼儿在班级中的学习体验和个人发展。

#### （二）幼儿

玩具和生活材料是班级物品的重要内容，作为这些物品的直接使用者，幼儿是班级物品管理的重要主体。幼儿积极参与物品管理，并非简单地完成任务，而是深刻塑造自己的生活学习态度。在这个过程中，幼儿不仅在主动关爱班级物品，对班级产生情感认同，更会加深对学习环境的理解。同时，幼儿参与物品管理能够提高其自主意识和自主能力。

> **案例探索**
>
> 幼儿进入中班，自主意识和能力有所增强，一些幼儿开始有意识地为班集体做一些事情。于是，教师决定设置"小管家"制度。每个幼儿都有机会成为小管家，其职责是管好自己负责的与班级相关的工作，如衣柜小管家负责检查衣柜是否整洁，提醒同伴及时整理衣柜，帮助遗失物品回到小朋友的衣柜中。"小管家"制度旨在鼓励幼儿为班级服务，同时提高幼儿的自主意识和能力。
> 【分析】"小管家"制度适应了中班幼儿的发展需求，为幼儿提供了服务班级的机会，能够有效培养幼儿的自主意识和协作能力，增强幼儿的责任感。但要注意向幼儿详细介绍小管家的职责和工作内容，确保幼儿理解清楚，并动员

幼儿积极参与。教师可以定期对小管家的工作进行总结和评价,及时发现问题并加以解决。

### (三)保洁人员

保洁人员不仅是日常卫生的执行者,更是整个学习环境卫生和安全的守护者。他们的敬业和细致是保障学校卫生的重要关键,直接影响幼儿的身体健康和学习积极性。因此,保洁人员同样是班级物品管理的重要主体。

## 四、班级物品管理的对象

班级物品管理的对象涵盖班级日常生活中所使用的各类物品,包括但不限于玩具、幼儿私人生活物品、办公物品、公共设施、保洁物品,以及各种耗材等。这些物品不仅服务于教育教学需要,还直接关系到整体学习环境的质量和幼儿的生活品质。

### (一)玩具

玩具是幼儿学习和娱乐的主要工具,种类丰富多样。从认知发展到社交技能培养,玩具在幼儿园阶段扮演着重要的角色。对玩具的管理需要关注其种类、数量、状态等,以确保其安全性和适用性。

### (二)幼儿私人生活物品

幼儿的私人生活物品包括衣物、书包、水杯等(表2-4-1)。合理的私人物品存放和管理,不仅能够培养幼儿独立管理个人物品的能力,还有助于幼儿形成良好的生活习惯。

表2-4-1 幼儿入学物品清单

| 序号 | 姓名 | 室内鞋 | 衣物包 | 雨衣 | 雨鞋 | 被褥 | 书包 | 湿纸巾 | 蝴蝶手工 |
|---|---|---|---|---|---|---|---|---|---|
| 1 | | | | | | | | | |
| 2 | | | | | | | | | |
| 3 | | | | | | | | | |
| 4 | | | | | | | | | |
| 5 | | | | | | | | | |
| 6 | | | | | | | | | |
| 7 | | | | | | | | | |

### （三）办公物品

教师和其他工作人员所使用的办公物品包括教案、文具、办公桌椅等。对这些物品的规范管理，有助于提高教学效率，创造一个有序的工作环境。

### （四）公共设施

公共设施包括教室内的黑板、桌椅、教学工具等。合理地摆放和维护公共设施，可以营造一个舒适、安全的学习环境，给幼儿良好的学习体验。

### （五）保洁物品

保洁物品是维持学习环境卫生的必备物品，包括清洁工具、消毒液等。对保洁物品的妥善使用和管理直接关系到整个园所的卫生状况，影响幼儿的健康成长。

### （六）耗材

耗材包括制作手工艺品所需的材料、绘画工具等。这些材料的管理不仅关系到教学资源的充分利用，还有助于培养幼儿的创造力和动手能力。

物品管理的对象丰富多样，涵盖教学、生活、卫生等方方面面，因此需要系统而有效的管理方法（表2-4-2、表2-4-3），以创造一个有序、清洁、安全的学习环境，促进幼儿的全面发展。

表2-4-2　班级物品登记表

| 类　别 | 物品名称 | 物品数量 | 型　号 | 责任人 | 备　注 |
|---|---|---|---|---|---|
| 生活用品 | | | | | |
| 学习用品 | | | | | |

表2-4-3　班级物品变损清单

| 物品名称 | 单　位 | 数　量 | 变损记载 | 备　注 |
|---|---|---|---|---|
| | | | | |
| | | | | |
| | | | | |

## 五、班级物品管理的原则和方法

### (一)为教育教学服务

班级物品管理的第一原则是方便教师的工作,且促进幼儿的成长。在管理班级物品时,教师需要具备对整个班级空间的全面规划能力,深入理解幼儿的日常活动和学习需求,精心设计物品布局。例如:摆放玩具需要选择合适的高度;幼儿使用的抹布和小扫帚等物品,需要放在幼儿易取的位置,以确保每个区域都能最大程度地满足幼儿的学习和玩耍需求。

### (二)干净卫生

班级物品要定期清洁,尤其是幼儿的个人卫生物品需要分隔开来,定期消毒。保洁人员要做好日常清理和卫生工作,确保教室、走廊和卫生间的清洁整齐。他们不仅是简单地清扫和擦拭,更是通过用心的工作,打造一个干净、整洁、宜人的学习环境,使幼儿在班级空间内感受到舒适和安心。

### (三)安全维护

除了卫生,班级物品管理工作还直接涉及学习环境的安全维护。保洁人员和安全人员等需要定期检查和维修教室内的家具、电器设备等,确保这些物品的良好状态,避免可能的安全隐患,共同为幼儿提供一个安全、可信赖的学习场所。

### (四)分类存放

为不同的班级物品制作标签(图2-4-1),以方便取用。适当使用记录表等工具辅助管理(但不要过度记录,以方便实用为原则),定期进行盘点、整理、补充和维修等工作。

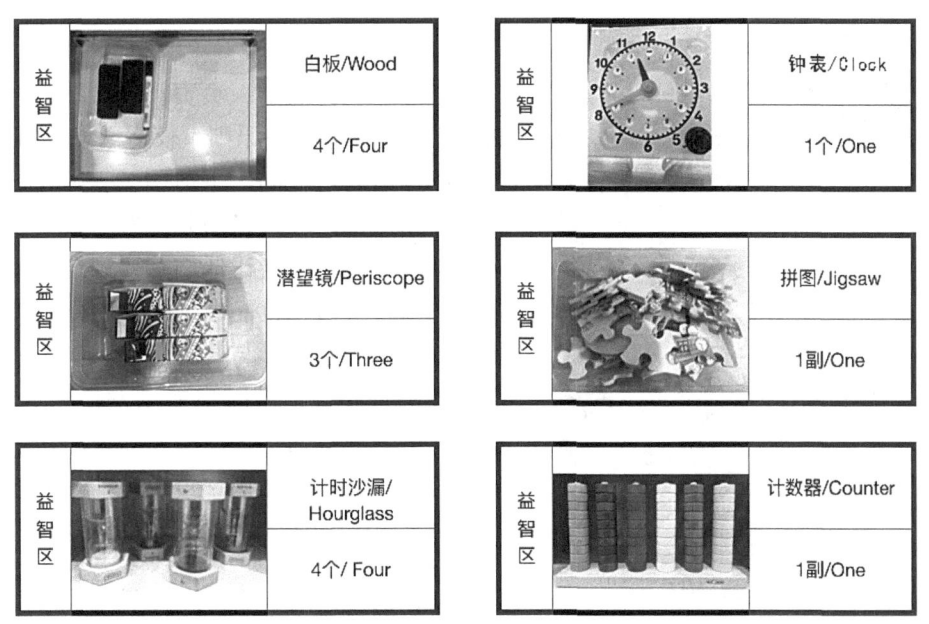

图2-4-1　益智区物品标签

### （五）全面规划

教师需要全面规划班级空间，划分出教学区、自主游戏区和个人储物柜区，深入理解每个幼儿的需求，确保班级空间能够最大程度地满足幼儿的学习、生活和玩耍需求。

> **学有所思**
>
> 应该如何规划一个教室？设置几个区域？不同区域之间的关系是什么？区域中的材料应该如何摆放？图2-4-2是一张教室区域规划图，请据此探讨如何进行教室规划。
>
>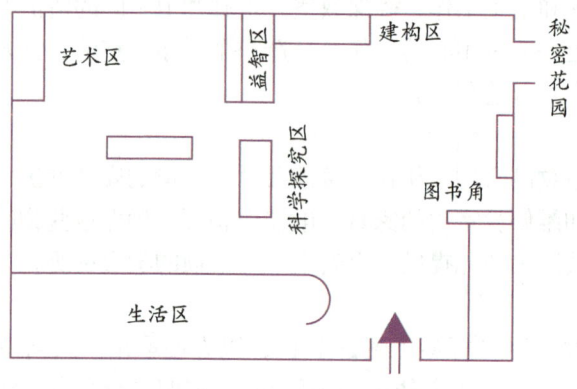
>
> 图2-4-2　教室区域规划图

图2-4-3　幼儿个人专属衣柜

### （六）专人负责

坚持个人物品个人负责，公共物品共同负责并有所分工。这一原则不仅适用于教师之间、教师和保洁人员之间，也适用于教师和幼儿之间。具体来说，为每名幼儿配置个人专属的储物柜（图2-4-3），能让他们感受到自己在班集体中的独特价值，也能锻炼他们独立管理个人物品的技能。这种参与式管理能让幼儿亲身领悟责任的重要性，同时也能激发他们对整洁、有序的学习环境的热情。幼儿能逐渐认识到每个人都是班级大家庭中不可或缺的一分子，从而在学习和成长中形成更为积极的态度。

### （七）节约

物品的管理要本着节约的原则，"随需使用，随用随回收"。废旧物再回收不仅是良好物品管理过程的体现，更是重要的教育教学观念，有助于营造班级的节约氛围，增强幼儿的环保意识。

  知识卡片

### 生态式、生成式管理评价

评价指标既是行动的指南又是检测的依据。为保证物品管理的工作质量，形成良好的物品管理习惯，项目组以操作简便的检核表为抓手，以"N+1"为创制思路，开发了评价类图表，具体包括检核单和检核表。"N"是指检核单，是以管理者为主体，根据具体管理内容的相关要求、当下实际管理能力制订的具体指标，为使指标聚焦，一般采用标题式描述的方式。"N"条指标既是管理者根据不同阶段不同的发展需求自主生成的，又可根据实际进展进阶式更新，具有生成性和生态性。"1"是指检核表，为操作方便，主张所有内容格式统一。检核表根据检核项目和操作流程分为"一看、二检、三核对"三个步骤。为帮助管理者在操作过程中养成良好的整理习惯，我们根据"习惯养成21天定律"，要求记录栏按四周即20个工作日的量进行设置。

（资料来源：应雁飞，《打造幼儿园物品管理新样态》，微信公众号"当代学前教育"，https://mp.weixin.qq.com/s/79pa8UDGOQ58_dFNC-eINg，有改动。）

## 任务二　班级文案管理

### 学习目标

认知目标：知道班级文案管理的含义和重要性。
技能目标：掌握班级文案管理的实用方法和技巧。
情感目标：增强主动规划班级事务的意识。
思政目标：通过对班级文案的管理，提高责任感和自主意识。

 基础知识

#### 一、班级文案管理的含义

班级文案管理是一项系统性的工作，旨在有效地记录、组织、存储和传递各类班级文案。在教育领域，特别是在幼儿园，文案管理不仅是文件整理，更是信息流动的关键环节，包括对工作计划、教案、评估记录等各种文档的整理和管理，以确保信息的即时性、完整性和准确性。

## 二、班级文案管理的意义

良好的班级文案管理直接影响到教学和家园合作的顺畅进行。高效的班级文案管理可以实现信息的快速传递，确保幼儿园内外各方对教学和活动的理解一致。同时，有序的班级文案管理有助于提高工作效率，减少沟通误差，促进整个园所的协同工作。

## 三、班级文案管理的对象

班级文案管理的对象包括不同类型的班级文案，涵盖教育教学类、评估记录类、家园合作类、卫生保健类文案等。教育教学类文案包括班级学期计划、周计划、教案、教学反思等；评估记录类文案包括个案总结（幼儿学习故事）、班级评估等；家园合作类文案包括家访记录、家长会文案（通知、议程、讲稿）、家长开放日记录、家长助教活动记录等。

### 案例探索

#### 小华的学习故事

9月3日，你和九九早早地来到幼儿园，玩起了磁铁滑板。你们按照小卡片上的图案玩了两三遍，你对九九说："不想玩这个了。"老师告诉你，其他区域还有很多好玩的玩具，可以去看看，或者可以加入木木的彩虹积木搭建。木木站起来邀请你，你摇摇头说："我要和九九一起玩。"

9月13日，你和九九在挖洞和藏宝，大宝邀请你们去看看他挖的城墙，你拿着小铲子过去问大宝："你挖的是什么啊？"听完大宝的介绍后，你说："我们那个你肯定找不到，你想让我们和你一起挖吗？"大宝点点头，你们开始合作挖城墙。

9月26日，你和小伙伴们在青青草地上玩追逐游戏，吸引更多小伙伴加入。看到人越来越多，你主动提出建议："我们可以一起排队走那个。"你用手指一指路上的线条，于是你和小朋友们沿线走起来，边走边笑着聊天。

9月28日，瑞瑞邀请你和木木一起捕虫子，木木提出想用"短的橘色网子"，你说："我也要用短的橘色网子。"但是这样的网子只有一个，你和木木互不相让。你看看木木，又低头看看网子，手有些松了，主动说："那木木，你先用这个抓吧，但是你用完就轮流。"说完，你从瑞瑞手里接过蓝色的捕虫网，一起捕起了虫子。

小华，你很喜欢和九九一起玩游戏，刚开学时的你会因为想和九九在一起玩而忽视或拒绝其他小朋友的邀请。10天以后，你开始和其他小朋友玩，你关注到了大宝的游戏并且主动加入，你多了一个小伙伴。又过去一段时间，你的小伙伴们越来越多，瑞瑞、大宝、连连都喜欢和你玩，这时的你已经不只九九一个好朋友，你有了更多的固定玩伴。在和好朋友们玩耍时，你会主动和朋友商量玩什么、怎么玩。当有了越来越多的朋友，你们不可避免也会产生一些冲突，但你主动提出解决办法，顺利地解决了矛盾。

小华，看到你有了更多的好朋友，开始去更多的地方玩，参与更多类型的游戏，老师真的为你开心。不过交朋友可不是那么简单哦，和好朋友相处，除了一起玩之外，还需要互相关心，有时身边的朋友会遇到困难，可以主动去问问他发生了什么事情，主动关心他、安慰他。当然啦，当你觉得自己没法帮忙的时候，可以寻求老师的帮助哦。期待小华在幼儿园交到越来越多的好朋友，也玩得越来越开心。

【分析】幼儿学习故事的焦点是幼儿，记录幼儿在学习过程中的行为、语言、情感等方面的表现。它以故事的形式呈现，具有一定的情节和连贯性，能够生动地再现幼儿的学习经历，并辅助教师对幼儿的学习品质、社会情感等方面进行综合评价，为幼儿的全面发展提供支持。

### 四、班级文案管理的原则和工具

#### （一）班级文案管理的原则

1. 分类

（1）教育教学类文案：按照学期和年段、主题等进行分类（图2-4-4），便于教师迅速找到相关信息。

（2）评估记录类文案：可以按照幼儿姓名、年龄等进行分类，方便查看个别幼儿的发展情况。

图2-4-4　分类管理文案

（3）家园合作类文案：按照活动类型或时间顺序进行分类，方便开展与家长相关的工作。

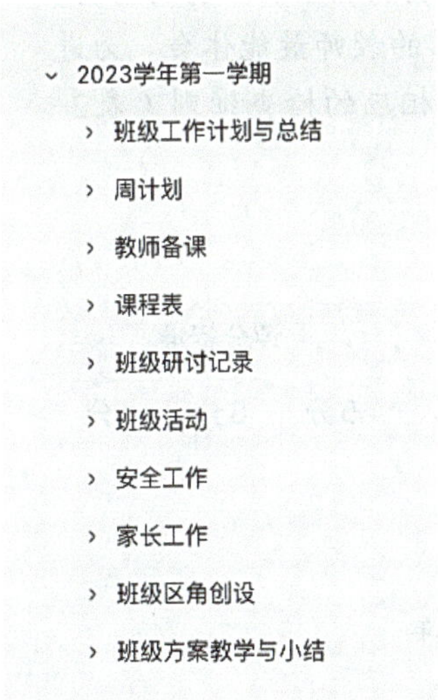

2. 方便查看

（1）建立清晰的目录结构。建立层级分明的目录结构，有助于教师迅速、准确地查看文件（图2-4-5）。

（2）文件命名规范。使用清晰、简洁的文件命名规范，方便教师快速辨认文件内容。

3. 保密原则

在班级管理系统中，设置特定的工作人员有权查看幼儿的详细情况记录，确保文案不被滥用。

#### （二）班级文案管理的工具

1. 网络平台

教师可以采用公共平台和群文件夹两种方法来管理班级文案。这两种方法都具有灵活、高效的优点，公共平台能够帮助集体沉淀和共享资源，群文件夹能满足即用即取的需求。

图2-4-5　分类目录

## 案例探索

阿美老师接手了一个从小班升入中班的新班级，她想查看原有幼儿的信息，以便更好地了解这些孩子。原班级的玲玲老师从柜子中找出了厚厚的五袋资料，阿美老师看到后便皱起了眉头，因为这代表着她需要"大海捞针"。

**【分析】** 为了解决这一问题，可以再建立一个线上文件夹，里面分类存放各类资料。各个班级的教师均可仿照这一做法建立并使用文件夹，幼儿园建立一个面向全园的公共平台，便于大家共享资源。建立公共信息平台可以提高工作效率，方便教师之间进行更多关于课程方面的分享与交流。

2. 实体文件夹

在数字化时代，使用群文件夹能够让教师在手机上方便地获取所需文件。但在网络故障的情况下，实体文件夹就成为了备用方案，能确保信息的可靠性。

3. 专人负责专项

教师、保洁员等根据自己的工作职责，将文案管理的责任进行明确分工，确保每个文档都有专人负责。同时，可以在园所内建立文案管理小组，共同分担管理任务，提升管理效果。

## 案例探索

在文案管理的探索之路上，博爱幼儿园经历了由自由散漫到规范统一的过程。同一个表格的填写，由以前的10个班8个样，到现在的统一格式；同是每周计划，由你班少写个体育活动，我班少写个区域活动，到现在的篇篇精准，经得起细看。规范文案管理的工作量与所花的精力、时间只有亲自操作的教师最能体会。为进一步提高文案工作质量，园所教研组结合实际情况制定相应的检查细则（表2-4-4）。

表2-4-4 博爱幼儿园教师文案评价表

| 项目 | 序号 | 评价内容 | 评分标准 | | |
|---|---|---|---|---|---|
| | | | 5分 | 3分 | 1分 |
| 教案书写 | 1 | 按时书写，及时分析和反思 | | | |
| | 2 | 书写工整、结构完整、格式正确、无错别字 | | | |
| | 3 | 目标明确、过程清晰，课程设计新颖，符合幼儿年龄段特点 | | | |

（续表）

| 项目 | 序号 | 评价内容 | 评分标准 | | |
|---|---|---|---|---|---|
| | | | 5分 | 3分 | 1分 |
| 教育随笔 | 4 | 按时用心书写，情感中见教育和观念 | | | |
| | 5 | 书写工整、格式正确、无错别字、语句通顺 | | | |
| | 6 | 记录清晰完整、叙议结合，有真情实感 | | | |
| | 7 | 记录显示个体差异，注重连续性 | | | |
| | 8 | 课程评价准确，符合本次活动的优点与不足 | | | |
| 家园联系 | 9 | 更换及时，板块更新有针对性和教育性 | | | |
| | 10 | 幼儿评语全面、突显重点、书写工整，因人而异 | | | |
| 各类表格 | 11 | 按时如实准确填写，禁止漏填、补填 | | | |
| | 12 | 统一黑色中性笔书写，格式统一、版面整洁、字迹工整 | | | |

班级　　　　教师　　　　　　　　评价　　　　总分

（资料来源：微信公众号"襄阳市襄州区博爱幼儿园"，https://mp.weixin.qq.com/s/SRumLjaeLRhvHEOItvWkwA，有改动。）

【分析】幼儿园班级文案管理是幼儿园管理和幼儿园班级管理的重要组成部分。班级管理一定要高度重视文案的规范性、完整性，日日有反馈，周周有考核，这样的班级管理才能够清清楚楚、明明白白，开展工作才会高效、无误。

 学有所思

幼儿园新开小班，一名教师盘点了自己近期手头上的文案：幼儿托班情况记录、家访记录、周计划、教案、玩具盘点表格、清洁用品表单、家长会PPT、班级耗材清单……这些文案应该如何进行管理呢？

## 任务三　班级信息管理

### 学习目标

认知目标：知道班级信息管理的含义和重要性。
技能目标：掌握班级信息管理的实用方法和技巧。
情感目标：增强主动规划班级事务的意识，尊重幼儿及家长的隐私。
思政目标：通过对班级信息的管理，提高责任感和自主意识。

### 基础知识

#### 一、班级信息管理的含义

班级信息管理是对各类班级信息进行有序、安全、高效管理的系统化过程。在幼儿园中，班级信息管理不仅包括幼儿的学籍档案、成长档案，还涉及家长的相关信息，以及班级各项管理任务的信息处理。

#### 二、班级信息管理的意义

班级信息管理对班级的正常运作和对幼儿的全面照顾至关重要。它不仅为教育教学提供支持，如通过信息管理，教师能够更好地了解每个幼儿的个性发展需求，为教学实施提供个性化的支持，还为家园合作、日常管理提供了基础。

### 案例探索

　　李老师虽然是一名新老师，但是她工作细致认真，有责任感。学期初，班主任将每天填写班级日志的工作分配给了她。李老师每天都会按时记录班级日志，班主任天天检查，从未出过差错。这天，班主任和以前一样检查前一天的班级日志记录情况，却发现这次李老师没有按时记录班级日志，幼儿的出勤记录、晨午检记录等都是空白的。班主任严厉地批评了李老师，并叮嘱她一定要按时记录班级日志。

　　李老师一脸委屈：昨天园里事情多，正好家里又有急事，自己就忘记写了；再说了，不就落下一天的记录嘛，补上不就行了！

　　（资料来源：微信公众号"幼教文化人"，https://mp.weixin.qq.com/s/NUmUkhUZuqTtCltZpqMZfA，有改动。）

　　【分析】班级日志管理对于幼儿教育工作至关重要。第一，班级日志中记录的幼儿出勤情况和晨午检记录是保障幼儿健康安全的基础数据。及时了解每个幼儿的身体状况，能够预防疾病传播，对幼儿突发的身体不适或异常情况进行快速反应，并能及时通知家长。若发生紧急情况，这些记录是追踪溯源、采取措施的重要依据。第二，班级日志会记载每日的教学活动、幼儿表现和个别化教育情况等，这不仅有助于教师总结反思教育教学效果，调整教学策略，而且是园所评估教学质量、改进教学方法的重要参考。第三，通过班级日志，教师可以向家长反馈幼儿在园生活学习情况，增进家园之间的理解和配合，共同促进幼儿的成长。第四，根据国家有关学前教育的法规政策要求，幼儿园必须建立健全各项管理制度，包括幼儿考勤制度，确保日常管理工作的规范性。未按时填写班级日志不仅是工作上的疏忽，可能触及相关法规规定，影响园所的规范化运作。第五，班级日志作为连续记录的文档，具有不可替代的历史价值，任何一天的缺失都可能破坏整个记录的完整性和准确性，不利于长期跟踪幼儿的发展变化。

因此，李老师应该认识到即使是一天的记录遗漏也可能会带来诸多不便，应当养成良好的日常工作习惯，无论遇到何种特殊情况，都要设法确保班级日志按时准确填写。

### 三、班级信息管理的内容

班级信息管理的内容主要涉及三个方面：一是幼儿相关信息，包括幼儿学籍档案（入园手续、家庭联系方式等）、幼儿成长档案（记录幼儿的学习发展、身体健康等信息）等；二是幼儿家庭相关信息，包括家长联系方式、家庭照养人员等，以便家园合作的深入进行；三是班级管理任务信息，如对班级环境的消毒情况、幼儿的考勤记录、费用缴纳情况、体温测量等。

 知识卡片

#### 幼 儿 信 息

1. 幼儿学籍档案

幼儿的学籍信息包括幼儿姓名、性别、出生年月、身份证号码、家庭住址、家长姓名、联系电话等。学籍档案为教师了解幼儿提供了第一手资料。在登记幼儿基本信息时，幼儿家庭成员的构成、学历、工作情况等应如实、详尽、正确地登记，保证真实、准确地反映幼儿成长的环境、家庭教育的状况、成长状态。教师为幼儿建立学籍档案，每学期报名时更新幼儿家庭住址、家庭变化、联系方式等信息，保证信息的真实性、时效性。

2. 幼儿成长档案

幼儿成长档案是对幼儿成长过程的记录，包括幼儿在园生活、学习、游戏过程中的照片、观察记录、幼儿作品、教师评语、家长信息反馈，以及语音、视

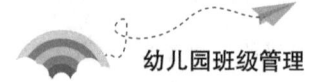

频等材料。幼儿成长档案能及时地反映幼儿的兴趣特长、爱好、参与活动的态度和状态，以及幼儿的发展状况、成长情况。成长档案的时效性、发展性、过程性符合发展性评价的理念，将评价过程与结果融为一体，通过观察、谈话、作品分析、追踪记录等实时、全面、真实地记录幼儿成长的过程。在收集整理幼儿成长档案时，可调动家长的积极性，使其主动参与幼儿成长资料的收集，对教师观察记录、活动情况、教师评语给出积极的回应，并及时提供幼儿回家以后的活动材料及有趣、特别的成长故事，丰富幼儿成长档案的内容，一起分享幼儿成长的点点滴滴，给幼儿留下一份美好的回忆。

3. 幼儿家长信息

幼儿家长信息是幼儿园班级信息的重要组成部分，教师应有针对性地收集相关资料，如家长姓名、职业、工作单位、特长、家庭住址、联系电话、家庭教育情况等。这些信息有助于教师了解每个幼儿家庭的教育方式，有针对性地指导家长，也有助于教师了解特殊幼儿家庭的背景，在教育中有的放矢。另外，家长的职业、特长能够为班级活动提供有力支持。

（资料来源：微信公众号"幼教文化人"，https://mp.weixin.qq.com/s/NUmUkhUZuqTtCltZpqMZfA，有改动。）

## 四、班级信息管理的原则和工具

### （一）班级信息管理的原则

1. 保密原则

对个人信息保密是信息管理的首要原则。教师收集到的大部分信息是幼儿和家长的隐私，教师要做好信息的保密工作，妥善保管这些信息，不得泄露幼儿及家长信息，不得随意向外提供幼儿及家长的基本信息，防止他人利用信息造成安全隐患。

2. 信息全面原则

信息的全面性能够为教师全面了解每一个幼儿，为幼儿的个性化发展提供支持，因此对信息的了解要尽可能全面和准确。家庭联系表、学生档案表、管理任务记录表等都是信息管理的具体工具，可以确保信息收集全面。

### （二）班级信息管理的工具

1. 电子管理系统

利用电子系统进行信息管理，能提高管理效率。幼儿园或班级可以将幼儿的信息全面记录在系统中，建立数据库。同时，通过班级信息数字化管理，教师能够对班级的各类情况做到一目了然，从而提高自身的工作效率。

2. 文件夹和记录表

采用实体文件夹和记录表备份和存储班级信息，以备不时之需。同时，教师可以对信息进行横向管理，例如为每一名幼儿建立专门的成长手册，记录幼儿生活的所有方面,既包括客观信息(如情绪情况、过敏情况等),也包括过程性记录和结果性评价(如学习故事、期末发展情况等)。

## 行动研修

### 任务一:幼儿园班级物品管理规划

#### 一、任务目标

(一)总体目标

能够进行班级物品管理,知道物品管理的重要性,能够按照一定原则和方法进行班级物品管理。

(二)具体目标

1. 掌握班级物品管理的原则。
2. 能够根据班级物品管理原则对物品进行合理分类和存放。

#### 二、任务要求

1. 看一看,每种物品是不是都有专属的管理者。
2. 找一找,是否所有物品都有它专属的分类。
3. 按照物品管理清单自查物品,找一找物品管理是否存在漏洞。
4. 回想本班幼儿的物品管理情况,根据表2-4-5进行填写。

表2-4-5 班级物品管理行为清单

| 序号 | 班级物品管理行为 | 符合的打"√" |
| --- | --- | --- |
| 1 | 方便教师工作,且促进幼儿的成长 | |
| 2 | 幼儿的个人卫生物品统一存放在一处 | |
| 3 | 制作了6S标签,粘贴在教室各大区域中 | |
| 4 | 班级里共设三名教师和一名保洁员,消毒液等物品由教师保管 | |
| 5 | 幼儿喝完的牛奶盒在清洗消毒后继续使用 | |

#### 三、情境任务

在幼儿自我物品管理方面,家长可以给予哪些方面的支持?

### 任务二:学习管理班级文案

#### 一、任务目标

(一)总体目标

知道文案管理的重要性,能够按照一定原则和方法进行班级文案管理。

幼儿园班级管理

（二）具体目标

1. 知道班级文案管理的原则。
2. 能够根据班级文案管理原则，对文案进行合理分类和存放。

二、任务要求

回想本班文案管理情况，根据表2-4-6进行填写。

表2-4-6　班级文案管理行为清单

| 序　号 | 班级文案管理行为 | 符合的打"√" |
| --- | --- | --- |
| 1 | 文案种类多样，全部都存放在教师的电脑或者抽屉中 | |
| 2 | 将历年的教案全部存放在教室柜子中，当有需要参考时，在众多文件夹中寻找 | |
| 3 | 幼儿学习故事记录得非常客观，且存放在"过程性评估"文件夹中 | |
| 4 | 为持续突出班级的某项重要事件，家园联系栏中的内容半个学期未曾更换 | |

三、情境任务

大林老师是今年入职的新老师，班级文案管理的经验较少。他将所有接收到的材料或是放入纸质文件夹，或是存放在电子文件夹。一个学期之后，文件越积越多，他想整理但无从下手。请从文件分类、存放的方式和原则等方面对大林老师的行为进行简单分析。

## 任务三：学习管理班级信息

一、任务目标

（一）总体目标

了解班级信息管理的重要性，能够按照一定原则和方法进行班级信息管理。

（二）具体目标

1. 掌握班级信息管理的原则。
2. 能够根据班级信息管理原则对信息进行合理分类和存放。

二、任务要求

回想本班信息管理情况，根据表2-4-7进行填写。

表2-4-7　班级信息管理行为清单

| 序　号 | 班级信息管理行为 | 符合的打"√" |
| --- | --- | --- |
| 1 | 幼儿家访记录上只包含幼儿的兴趣爱好和是否上过托班的信息 | |
| 2 | 教师可以从一张表格上得知自己班级中有几个幼儿在10月出生 | |

(续 表)

| 序 号 | 班级信息管理行为 | 符合的打"√" |
|---|---|---|
| 3 | 保洁员清洁记录与幼儿学籍信息表格存放在同一文件夹中 | |
| 4 | 某家长迫切想让孩子认识班级中的同伴,请教师提供全班幼儿的信息,遭到教师拒绝 | |

### 三、情境任务

大林老师忘记了优优桃子过敏的信息,午点时给优优喂了桃子,导致优优过敏。请从班级信息管理的角度评价和分析大林老师的做法。

## 在线测试

1. 幼儿园班级管理的内容主要有教育管理、（　　）和生活管理。
   A. 物品管理　　　　B. 图书管理　　　　C. 教具管理　　　　D. 玩具管理
2. 目前幼儿园教师为幼儿制作成长档案时运用了（　　）对幼儿的成长进行研究。
   A. 观察法　　　　B. 谈话法　　　　C. 作品分析法　　　　D. 实验法
3. （多选）以下哪些方法可以支持班级信息管理工作？（　　）
   A. 建立信息管理平台
   B. 设置专门的文件夹和文件框,存放幼儿的信息
   C. 将幼儿的全面信息分享给家委,以方便其更好地支持班级工作
   D. 班级消毒记录表格由保洁员管理
4. （判断题）大型运动器械要每天擦拭清洗,无须消毒。（　　）

参考答案

## 课后学习指导

冯慧、沈怡婷,《幼儿园教师在观察中的伦理冲突研究——基于关键事件技术》,《幼儿教育》,2023年Z6期,第20～24页。

 评价反思

模块二　项目四　学习情况评价表

| 评价项目 | | 评价标准 | 状态水平描述 | | |
|---|---|---|---|---|---|
| | | | 自我评价 | 小组评价 | 教师评价 |
| 学习内容评价 | 幼儿园班级物品管理 | 1. 是否知道班级物品管理的含义和重要性 | | | |
| | | 2. 是否掌握班级物品管理的实用方法和技巧 | | | |
| | 幼儿园班级文案管理 | 1. 是否知道班级文案管理的含义和重要性 | | | |
| | | 2. 是否掌握班级文案管理的实用方法和技巧 | | | |
| | 幼儿园班级信息管理 | 1. 是否知道班级信息管理的含义和重要性 | | | |
| | | 2. 是否掌握班级信息管理的实用方法和技巧 | | | |
| 学习表现评价 | 学习态度 | 1. 是否认真学习本项目内容 | | | |
| | | 2. 是否积极参与课堂讨论和小组活动 | | | |
| | | 3. 是否认真完成练习题和拓展实践 | | | |
| | | 4. 是否积极思考并主动向同学和保教人员请教问题 | | | |
| | 学习能力 | 1. 能否运用本项目内容结合实际分析班级中物品、文案、信息管理的合理性、有效性 | | | |
| | | 2. 能否结合本项目内容对幼儿园的事务管理进行反思 | | | |
| | | 3. 能否主动查阅相关书籍进行拓展阅读 | | | |
| 综合评价 | 自我评价：<br>小组评价：<br>保教人员评价： | | | | |

# 模块三
# 家园社的沟通与合作

三个中班小朋友在玩开汽车的游戏。聪聪开着"汽车"把乐乐的"汽车"撞翻了。乐乐立刻大声对聪聪说:"不准撞我的汽车!"聪聪没有回应,再次发动"袭击"。这时,乐乐对聪聪嚷道:"不准撞我的汽车!我要生气了!"聪聪还是不说话,他笑眯眯地招呼壮壮一起去撞。壮壮犹豫了一会儿,接受了聪聪的"邀请"。乐乐看到心爱的"汽车"被撞翻在地,气愤地拽过壮壮的胳膊,闭着眼睛就咬,壮壮的胳膊马上有了一道牙痕。如果你是老师,你会如何和家长沟通这件事呢?

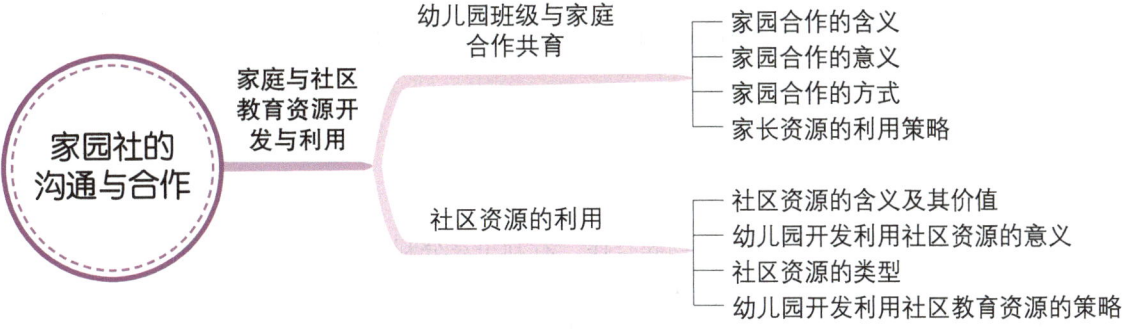

# 项目一 家庭与社区教育资源开发与利用

## 内容导读

《纲要》总则中提出，幼儿园教育"应与家庭、社区密切合作，与小学相互衔接，综合利用各种教育资源，共同为幼儿的发展创造良好的条件"。家庭是幼儿出生以后接触的第一个环境，幼儿的成长首先会印上家庭的烙印。社区是幼儿生活和成长的重要场所，拥有广阔的学习空间，蕴藏丰富的教育资源。幼儿园教育要取得家庭、社区的配合和支持，从中挖掘有益的教育资源。本项目主要学习家庭与社区资源的含义及类型，掌握家庭资源和社区资源的利用策略，从而提升班级管理的效率，提升幼儿园教育教学质量。

### 任务一 幼儿园班级与家庭合作共育

#### 学习目标

认知目标：了解幼儿园班级与家庭合作共育的重要性、内容和方式，熟悉幼儿园利用家庭资源开展活动的方法。

技能目标：能立足幼儿园本身，合理开发和利用幼儿家庭资源开展各种家园活动。

情感目标：牢固树立"三结合"的观念，善于挖掘家庭、社区的教育资源。

思政目标：理解并贯彻国家家园社合作共育的相关政策文件。

 基础知识

一、家园合作的含义

家园合作是指家庭和幼儿园一起合作，有利于充分利用家长资源，促进幼儿健康和谐发展。家园合作教育是新时期深化幼教改革的必然趋势，也是贯彻落实《纲要》的要求所在。幼儿园、家庭、社区是幼儿发展中影响最大、最直接的微观环境，作为幼儿最早接触的社会文化环境，家庭对幼儿发展所起的作用是不可比拟的。家庭是幼儿温暖的港湾，给予他们无尽的关爱和支持。家长的言传身教、家庭的氛围和价值观，都在潜移默化中影响着幼儿的性格养成和品德发展。家长积极参与家园合作，能够更好地了解幼儿在园的情况，与教师共同为幼儿制订个性化的成长计划。

## 二、家园合作的意义

### （一）突破幼儿园教育的诸多局限

一方面，家园合作可以突破幼儿园教师的性别局限。幼儿园教师以女性为主，这在一定程度上可以充分发挥女性温和、细腻的优势，但幼儿也失去了和更多男性接触的机会。尤其是对男孩子来说，缺乏与男性交往的经验，会失去男性性别角色的观察机会和模仿对象，这对幼儿的社会性发展尤其是性别角色的发展有较大的影响。家长参与幼儿园工作，可以不受性别、年龄、职业等限制，让幼儿有机会与各种社会角色有更多的接触，这对幼儿的社会性发展有积极的意义。

另一方面，家园合作可以突破幼儿园教育的时空局限。幼儿园利用家长资源开展教育活动，可以把幼儿园教育活动延伸到可资利用的家长资源环境中。家长所在的各种工作场所，如公司、银行、消防队、园林等，都可以成为幼儿园的教育场所。幼儿园在利用家长资源开展教育活动的同时，也把科学的幼儿教育理念和方法传播给家长，有助于形成幼儿教育的"全环境"，提升幼儿教育的成效。

### （二）帮助幼儿拓宽视野

一方面，幼儿家长的多样性可以丰富幼儿的社会认识。幼儿家长来自各行各业，年龄、性格、经历、职业各不相同，家长展现的各种特点就是幼儿社会性学习的资源。让幼儿与各种各样的家长接触，既开放了幼儿了解社会的窗口，也丰富了幼儿待人接物的经验。

另一方面，幼儿家长的职业与专业性可以拓宽幼儿的视野。幼儿家长从事不同行业，其中有着各种类型的专业人才。幼儿园把家长的专业知识作为教育资源引入幼儿园教育，对幼儿进行各种专门领域的启蒙教育，可以很好地满足幼儿的好奇心和求知欲，满足幼儿对世界的探索愿望，拓宽幼儿的视野。此外，家长的参与使教育活动更加多样和新鲜，这可以大大激发幼儿学习和探究的兴趣，为幼儿今后的发展打下良好的基础。例如关于春季幼儿流行病预防知识的科普宣传活动，可充分发挥从事医护工作的家长的职业优势，让家长就相关知识进行讲解与宣传。除此之外，还可通过家园联系栏对本班幼儿的实际情况进行介绍，然后提出各个家庭的教育热点问题，再有针对性地进行讨论，并在练习栏中张贴一些好文章，包括家庭指南、教师联系方式、亲子游戏、幼儿园写真等，充分调动家长的积极性。

 知识卡片

**家园合作的目的**

1. 实现教育观念转变，促使家园教育协调一致

一方面，教师转变主要依靠自己完成保教任务的观念，变封闭式教育为开放式教育，主动采取措施，充分调动家长的积极性，形成关心幼儿园教育的风气，

利用多种形式开展家园合作。另一方面，家长转变思想观念，转变"教育是幼儿园的事，只需把孩子放心地交给幼儿园就行"的思想，经常学习育儿知识，主动关心幼儿园和班级的事情，经常与教师沟通，共同教育幼儿。

2. 帮助家长了解和参与班级的各项活动

幼儿园的"家长园地"栏目是反映保教工作情况的一扇窗户，可以增进幼儿园与家庭、教师与家长间的沟通和了解。家长每天接送幼儿时都可以阅读该栏目，从中感受教师对每个幼儿的关注和热爱，体会幼儿的点滴进步。并且还可以为栏目创设主题，如"我会看红绿灯了""我知道家住在哪里""我会帮助别人"等，借此拉近家长和教师的距离，增进彼此的信任和沟通。因此，教师要鼓励支持家长拿出热情和行动积极参与班级的各项活动。

3. 发挥家长委员会的桥梁纽带作用

家长作为教育孩子的主人翁，既要明确家园共育的重要性，又要对幼儿园和班级有更清楚的了解和认识，明确自己在班级教育和成长中应担当的角色，知道应怎样参与幼儿园和班级的活动，怎样参与家委会的工作，怎样指导和教育好幼儿。

## 三、家园合作的方式

### （一）组织家长开放日活动

在家长开放日活动中，家长可以通过观摩详细了解幼儿园教育工作的内容、方法；可以亲眼看到自己孩子各方面的表现，得知孩子的发展水平及与伙伴交往的状况；特别是可以看到自己的孩子与同龄幼儿相比的优点与不足，使家长深入了解孩子，与教师合作有针对性地教育孩子。同时，家长还可以观察到教师的教养态度、教养方法、教养技能。但是，教师要对家长的参观活动进行必要的引导，告诉家长看什么、怎么看。例如要着重看孩子的主动性、积极性与创造性，看孩子怎样与同伴相处，看孩子在原有基础上的发展，不要总是把自己的孩子与别的孩子进行横向攀比，以免产生不良后果。

### （二）开展家长助教活动

幼儿园可以邀请幼儿家长来园充当老师，不定期地来园和教师一起组织活动，拓展幼儿了解信息的渠道，感受父母的魅力，增强信心。家长助教活动一般结合社会节日开展，如护士节邀请护士阿姨，重阳节邀请爷爷奶奶等。

### （三）开展亲子活动

教师通过精心组织、安排，让家长和自己的孩子一同完成各种各样的活动及游戏，可以培养家长和幼儿的良好协作能力，同时帮助家长增强孩子的信任感，促进良好亲子关系的建立（图3-1-1）。

### （四）组建家长委员会

家长委员会由家长民主选举产生，参与和协助幼儿园工作，帮助幼儿园改进教育教学，提高教育质量；同时反映家长的意见和要求，根据家长的需要，可以及时、适时组织优秀专家进行专题讲座，开展优秀家长家庭教育经验分享会等活动。

### （五）召开家长座谈会

幼儿园可以根据工作的需要，定期或不定期开展家长座谈会，向家长汇报幼儿园工作，反映幼儿情况，发动家长配合幼儿园工作。一般家长座谈会最好是20人以内，按家长类型分别召开，如针对爷爷奶奶的座谈会、针对外出务工父母的座谈会等。

### （六）开设家长学校

图3-1-1　家长与幼儿共同创作

由教师定期就某个主题开展讲座、报告会等，有目的、有系统、有针对地向家长宣传教育知识，帮助家长树立正确的教育观念，学习科学的教育方法。

### （七）招募家长志愿者

家长志愿者是连接幼儿园和家庭，促进二者交流的重要纽带。幼儿园可以招募家长志愿者，如每天请两名家长轮流来幼儿园参与活动，让家长亲身体验幼儿教育的过程，让家长参与幼儿园的措施制订。

---

**知识卡片**

#### 家园合作的原则

1. 教育性原则

家园合作对于家长和教师来说是一个共同受教育的过程，双方合作可以提高各自教育幼儿的水平和质量。同时，家园合作能使幼儿体、智、德、美、劳均衡发展，成为一个完整的人。

2. 平等性原则

家园合作要体现家长和教师的平等、协作关系，而不是支配和控制的主从关系，任何一方居高临下的态度都会让另一方退缩或被压制，阻碍合作的有效开展。

3. 娱乐性原则

家园合作要做到寓教于乐，使幼儿、家长在轻松、愉悦、欢快的气氛中丰富见识、发展能力、增长才干。

4. 适宜性原则

家园合作要从实际情况出发，依据本地区的自然环境、人文环境，教师、家长、幼儿的实际情况等进行，这样才更具有针对性，效果才会更明显。

5. 发展性原则

家园合作要考虑幼儿发展的特点和社会发展的现实，使幼儿发展与社会发展相适应。如为了提高幼儿的动手能力，教师和家长一起策划开展拧瓶盖、缝纽扣、串珠子、包饺子、做玩具等多种活动，使幼儿在游戏过程中锻炼自己的能力。

6. 经济性原则

家园合作要本着少花钱、多办事的精神进行，充分利用各种无毒无害的废旧物品和自然材料，不铺张浪费。例如，在开展家园合作玩具评比活动时，教师和家长都要鼓励幼儿自己动手制作玩具，不要用购买的成品来参赛。

### 案例探索

我们班凯凯的妈妈是医院的助产士，也是我们班"家长助教"的积极参与者。为此，我利用这个家长优势资源，结合幼儿的实际认知水平，和家长一起设计了活动"我从哪里来"，让幼儿知道胎儿在妈妈肚子里的生长过程以及如何出生。活动中，"医生老师"身穿白大褂，结合形象的图片，给孩子们做了生动的讲解，孩子们听得津津有味，好奇心得到了极大的满足。"医生老师"还让孩子们戴着听诊器相互听心跳，孩子们在轻松快乐的游戏中获得了知识，教育效果非常理想。

【分析】家长资源的充分开发能够弥补幼儿园教育的局限，丰富幼儿园的教育内容和教育形式。有效利用家长资源和社区资源做好保教工作是班级管理的重要内容。案例中，教师充分利用了凯凯妈妈的职业优势，丰富了幼儿园的教学方式，使活动深受幼儿的喜爱。

## 四、家长资源的利用策略

### （一）加强家长委员会工作，发挥家委会的桥梁作用

充分发挥家长委员会的作用，使其真正成为幼儿园与家长间的纽带，增强教育合力。班主任应加强与家委会成员的联系，及时反馈家教信息，收集并反映家长对班级工作的建议和意见。家委会成员应积极参与幼儿园管理，了解幼儿园教育方案和要求，同时反映家长对幼儿园的意见和要求，沟通协调家园关系，配合园方做好期末家长评议工作，召集家长对幼儿园的保育、教育、伙食、教师的教态与水平等方面进行全面评价，并将评议情况转达给幼儿园，以便园方改进工作，完善幼儿园各项工作。

### （二）更新观念，转换角色，营造家园合力的教育环境

1. 高度重视，抓好落实

真正把家长工作作为幼儿园工作的重要组成部分，高度重视，坚决抓好落实。要建立健全幼儿园家长工作制度，学期末将家长工作列入教师考核的重要内容，真正使家长

工作做到标准化、制度化、经常化。

2. 互相尊重，平等合作

要把家长和教师作为共同促进幼儿发展的主体来看待。在共同教育幼儿的问题上，双方要互相尊重、互相信任、平等合作、真诚沟通，同心同德完成育儿使命。

3. 为家长效劳，换位思考

在家园沟通问题上，教师要把家长作为平等的合作伙伴，真心实意做家长的朋友，耐心倾听他们的意见，切实帮助家长解决在育儿过程中遇到的问题。同时要换位思考，对家长产生的急躁及冲动情绪要冷静思考，学会体谅。只要态度诚恳，方法得当，就一定能赢得广大家长的拥护、支持，打造相互尊重、平等合作的家园共育新天地。

（三）搜集、分类家长资源

新生入园时，教师应搜集家长信息，包括家长的年龄、职业、兴趣等，然后及时根据家长的不同特点和能力，对家长可参与的各项工作岗位和职能进行分析、分类、整理，建立家长资源数据库（表3-1-1）。教师要运用多种方式主动与家长保持经常性联系，如在入园和离园时进行口头交流、家访，也可以利用电话、QQ、微信、电子邮箱等手段联系沟通。教师还要及时更新幼儿及其家长的情况，并把了解到的情况记录在家长资源数据库里。

表3-1-1　某幼儿园利用家长资源情况汇总表

| 家　　长 | 职　　业 | 学　　历 | 从事工作 |
| --- | --- | --- | --- |
| 天天爸爸 | 初中美术教师 | 本科 | 环创指导 |
| 梅梅爸爸 | 电视台编导 | 硕士 | 节目编导 |
| 茜茜妈妈 | 营养师 | 硕士 | 编写儿童食谱 |
| 晓东妈妈 | 小学语文教师 | 本科 | 故事妈妈进课堂 |

（四）搭建家长学习、交流经验的平台

参照群体论认为，教师在和家长互动时，应建立"好家长"群体并不断扩大"好家长"的队伍，发挥"好家长"这个大集体对家长的榜样、示范作用。因此，幼儿园应通过开设家长沙龙、家庭派对、建立QQ群和微信群等方式，为家长提供相互交流、相互影响的机会和平台，促进家长共同学习与进步。

（五）设置展区，展示家长工作的优秀成果

幼儿园可以在园内设置一个展示区，专门展示家长提供的资源在活动中的应用情况以及家长的活动参与情况。如将家长与幼儿一起完成的作品、共同收集的图片等资料加以整理，写上幼儿和家长的姓名并展示出来，使之成为主题环境的一部分。又如，将家长参与活动时的照片展示出来，并附上活动简介。这样能让家长感受到教师对自己的肯定与重视，是对家长的一种无形激励，有利于增强家长参与幼儿园活动的热情。

请你结合实际举例子：家长还可以做一些什么事情承担好自己的角色，促进家园共育？

## 任务二 社区资源的利用

认知目标：掌握社区资源的含义、价值和类型，熟悉幼儿园开发利用社区教育资源的策略。

技能目标：能立足幼儿园本身，合理开发和利用幼儿社区资源开展各种社区教育活动。

情感目标：牢固树立"三结合"的观念，善于挖掘家庭、社区的教育资源。

思政目标：理解并贯彻国家家园社合作共育的相关政策文件。

### 一、社区资源的含义及其价值

#### （一）社区资源的含义

"社区"一词最早由德国社会学家滕尼斯（Ferdinand Tönnies）引入社会学研究领域，一般是指聚居在一定地域范围内的社会群体或社会组织所形成的生活共同体，包括地域、设施、文化、组织、人口等基本要素。社区资源是指幼儿园所在社区环境中可供开发和利用的人、财、物等各种资源的总和，包含一切可能对幼儿具有教育教学价值的要素和条件。社区资源在当前仍属于幼儿教育研究的初步探索领域。

#### （二）社区资源的价值

美国学者布朗芬布伦纳的生态学理论认为幼儿的成长受环境的影响，幼儿园对社区资源的开发与利用，对幼儿发展有着重要的教育价值。

### 二、幼儿园开发利用社区资源的意义

#### （一）顺应当今幼教事业发展的需要

幼儿教育作为终身教育的奠基阶段，其重要性不言而喻。随着人们对幼儿教育的认识和重视程度不断加深，幼儿教育的范围已经扩展到家庭与社区，这已成为世界幼儿教育共同的发展方向。在我国，社区已成为人们生活的主要场所，以社区为单位的生活群体享受着共同的社区资源，有着大致相同的价值观，以社区为地域界限所建立的幼儿园也日渐增多。社区已成为幼儿成长的主要场所，充分开发利用社区教育资源能够更好地服务幼儿及家长，为幼儿的发展提供更好的教育资源，丰富幼儿的生活经验。幼儿教育

是一项系统工程，只有幼儿园、家庭、社区共同合作，充分发挥各种教育资源的作用，才能有效地促进幼儿的发展。

### （二）提升幼儿园教育效果

相较于幼儿园，社区有着更为广阔的环境。社区的教育资源可以成为幼儿园教育资源的有益补充。家庭和社区是幼儿主要的生活空间，除了幼儿园，家庭和社区是幼儿最为熟悉的场所，社区也应成为幼儿园可利用的直接资源。社区的人文环境、物质环境都为幼儿园教育活动的开展提供了丰富的资源，如社区的医院、超市、公园、公共场所等都可以为幼儿园所用。幼儿园与社区共同合作，形成教育合力，能扩充教育内容，丰富幼儿的情感体验，促进其身心发展，取得良好的教育效果。

### （三）促进幼儿全面发展

幼儿是生长在社会中的人，不可能脱离社会而独立成长。著名教育家伊里奇（Ivan Illich）说过："一个人要成长，首先需要利用事物、场所和过程，利用实践和环境。他需要去看、去接触、去修理、去掌握有意义的环境中的任何事物。"开发、利用社区教育资源是幼儿园教学走出课堂，拓展教学空间，丰富教学方式的有效机制。幼儿园教学的重要发展方向就是以社区为依托，在适应当地情况的条件下，建立正规与非正规相结合的社区教育模式。幼儿园融入社区，幼儿能接触到更多课堂以外的东西，可以丰富幼儿的生活经验，提高幼儿的能力，增强幼儿的社会责任感，促进幼儿全面发展。

### （四）推动家园社一体化发展

家庭、幼儿园、社区对幼儿发展所起的作用，是其他任何因素所不可比拟的。它们不仅是幼儿活动的重要场所，更是幼儿教育的重要因素，三者有不同的功能，只有把三者有机结合、互相渗透，才能优势互补、协调发展，真正达到促进幼儿身心全面、和谐发展的目的。作为专门的幼教机构，幼儿园必须发挥其主导作用，成为社区教育中心。幼儿园要架起幼儿园和社区之间的桥梁，将幼儿园教育辐射到社区环境中。幼儿教师具备专业理论知识和实践能力，了解幼儿身心的发展规律，可以将科学的育儿方法推广到家庭与社区教育中。家园社三方合作既有利于幼儿园与家庭、社区统一培养目标，让社区内所有教育资源都能最大程度地发挥作用，提高教育质量，又能让家长、社区了解教育、参与教育，从而给予幼儿园工作更多的理解与支持。在资源整合的过程中，幼儿教师也能弥补知识、技能方面的不足，从而促进自身的专业发展。

**知识卡片**

我国地域广阔，条件各异，因各地社区、家庭、幼儿园的特点及实际情况的不同，出现了多种形式的合作。上海浦东新区潍坊新村街道社区家长学校是由街道创办的公益性社区教育平台，致力于提升家庭教育水平，促进家庭和谐与儿童全面发展。家长学校主要服务辖区内幼儿及中小学生家长，通过整合街道、学校、专业机构和社会资源，构建家校社协同育人模式，帮助家长掌握科学教育方法，履行家庭教育职责。

家长学校以多样化的课程和活动为核心，内容涉及亲子沟通、心理健康、学习方法、青春期教育等热点话题，邀请教育专家、心理咨询师等开展线上线下授课，并结合亲子阅读、手工制作、社会实践等活动增家庭互动。针对特殊需求家庭，提供一对一咨询及系统培训，满足差异化教育需求。活动多安排在周末或晚间，便于在职家长参与。家长学校通过微信公众号、社区公告等渠道发布信息，家长便捷获取课程资讯。

自成立以来，家长学校已惠及众多家庭，成为街道"15分钟社区生活圈"的重要服务节点，助力构建和谐教育生态。

### 三、社区资源的类型

#### （一）物质资源

物质资源是幼儿园开展各种教育活动的基础，通常可以分为自然物质资源与社会物质资源。自然物质资源主要指山川河流、花草树木、动物昆虫、气候光线等地理环境和自然景物、生物。社区物质资源指社区内的公共场所与服务机构，包括社区活动中心、学校、超市、餐馆、书店、医院、邮局、银行、市场、消防支队等公共场所，图书馆、博物馆、纪念馆、动物园、植物园、海洋馆、科技馆等主题场馆，居委会、街道办事处、派出所等行政机构，桥梁、隧道、不同风格的楼群、广场、著名雕塑等生活建筑，处于社区内的公司与企业，等等。

#### （二）人力资源

人力资源为幼儿园开展各种教育活动提供了基本力量，为幼儿园教育教学工作注入了新鲜活力。人力资源有以下两类：一是感受性人力资源，指虽然不直接参与幼儿园的日常教学活动，但其存在、行为及其所传递的文化和价值观对幼儿园教育环境及幼儿成长产生重要影响的人员，包括家长群体、社区领袖与志愿者、邻里居民等；二是直接参与性人力资源，即幼儿园的教职工团队，包括教师、保育员、行政管理人员等，他们直接负责幼儿园的日常教学、管理和保育工作，他们的专业素养、工作态度和教育理念对幼儿园的教育质量具有决定性影响。

#### （三）文化资源

文化资源是物质资源和人力资源的综合，为幼儿园开展各种教育活动提供了文化背景和宝贵财富。文化资源一般表现为当地社区的文化氛围、民风民俗、生活方式、思想观念、道德风尚、传统文化等，包括各类特色鲜明的文化场所、社区组织和开展的各类文化活动、各类学校等，如文化礼堂、社区端午节文化活动、趣味社团活动、非遗文化进社区活动等，具有很强的感染性和教育意义。

 **学有所思**

在见习过程中，你发现幼儿园可以开发利用的社区资源有哪些？

### 知识卡片

表3-1-2 幼儿园小班社区活动计划表

| 时间 | 内 容 | 活 动 目 标 |
|---|---|---|
| 9月 | 参观幼儿园 | 1. 知道自己所在幼儿园的名称，感知幼儿园优美的环境。<br>2. 在游玩的过程中了解幼儿园内主要场所、设施和用途。<br>3. 喜爱自己的幼儿园。 |
| 10月 | 参观农村的田野 | 1. 观察农村田野里农民伯伯辛勤劳动及收获的景象。<br>2. 懂得爱惜劳动成果。 |
| 11月 | 参观小区 | 1. 观察家乡小区的环境，能用语言描述家乡的变化。<br>2. 萌发爱家乡的情感。 |
| 12月 | 参观科技馆 | 1. 感受科技对生活的影响，萌发对科学的好奇心和热爱之情。<br>2. 养成良好的观察习惯，留心身边的科学现象。 |
| 1月 | 参观社区节日的环境布置 | 1. 进一步感受过新年的气氛。<br>2. 能用简单的语句描述新年景象。 |

## 四、幼儿园开发利用社区教育资源的策略

### （一）以本土人文资源为线索进行发散性开发

本土人文资源主要指在特定的自然条件和历史条件下形成的本地文化特征，如文化特色、风俗习惯、自然景观等。例如，广西拥有独特的壮族文化，山歌、壮锦、铜鼓都可以融入幼儿园的教育中。对于区域人文资源的开发，幼儿园可以采用发散的方式。例如，教师设计大班主题教育活动"三月三"，让幼儿当小导游介绍广西壮族三月三的传统习俗，制作三月三的传统美食。这有助于课程资源本土化，改革幼儿园的活动内容和方法，强化幼儿园教育特色和提高教学质量，同时可以使幼儿进一步了解家乡的自然和人文生态，从而激发幼儿热爱家乡的情感。

### （二）依托社区资源开展幼儿园主题教育活动

幼儿园在实际教学中，为了调动幼儿的学习兴趣，往往会通过主题探究活动的方式，让幼儿的喜好与学习需求得到满足。为了推动主题活动的顺利开展，教师应该引入大量鲜活的社区资源，充分激发幼儿的好奇心与探索热情，使得幼儿能够在接触社区事务的过程中增加实际经验，加深对主题内容的认知。在主题活动的开展环节，可以灵活应用丰富多样的社区资源，使其和主题活动相辅相成。例如，教师可以利用社区文化资源，在中秋节到来之际，组织开展"嫦娥姐姐送月饼"主题活动，让幼儿受到中华优秀传统文化的熏陶，享受节日文化的乐趣。

### （三）以参与社区活动为基点进行动态生成开发

积极参与社会活动是创建良好社区关系的基础。在不影响保教工作的前提下，幼儿

园应组织教师积极参加社会活动，为社区的精神文明建设作出应有的贡献。同时，还可以鼓励家长积极参与有益的文化教育活动，努力学习有关科学育儿的知识及方法，从而促进家庭的和谐与社会的稳定。

### 案例探索

鹏鹏去乡下探望姥姥，发现姥姥用糯米包粽子，回来时特意带了几只粽子给大家看。小朋友们马上对粽子产生了兴趣。兵兵说："这些包上粽叶的糯米怎么会变成三角的呢？"奇奇说："要是我们有粽叶和糯米，自己来包粽子该有多好呀！"听了孩子们的话，老师特意买来糯米和粽叶，并和他们一起试着包粽子。可是试了几次都不成功，大家有些气馁了。这时，娜娜忽然兴奋地告诉大家，她想起早上入园时，看到自己家门口有一家粽子店，几位阿姨一边包一边卖。老师觉得这是一次很好的学习机会，于是带着孩子们来到社区，鼓励他们去观察阿姨们是怎样包粽子的，并询问包粽子的步骤，先让阿姨教一下，然后回到幼儿园再让孩子们尝试。孩子们有了愉快的经历，获得了经验，也激发了进一步探索的动力。

【分析】在教学中，教师为了调动幼儿的学习兴趣，充分利用了社区中的粽子店资源，带领幼儿亲自体验包粽子的乐趣，让幼儿的好奇心与学习需求得到满足。

### 行动研修

## 任务一：设计"亲子运动会——小小运动员"亲子活动

### 一、任务目标
（一）总体目标
提升教师设计、组织亲子活动的能力，同时促进幼儿身心健康发展。
（二）具体目标
1. 深入理解亲子运动会的意义、目的及其在幼儿园教育中的作用。
2. 熟悉亲子运动会的设计原则、活动流程、物资准备、人员分工和现场管理。
3. 通过运动会项目，增进亲子情感交流，提升亲子默契。

### 二、任务要求
撰写亲子运动会策划方案，应包含亲子运动会的活动目标、人员安排、活动准备、流程设计与实施等。要求写清楚具体的亲子运动项目及玩法。

### 三、情境任务
1. 亲子运动会前的活动材料准备可能存在哪些困难？
2. 不同年龄阶段的亲子运动会的设计要点分别是什么？
3. 亲子运动会实施过程中可能会出现哪些问题和困难？请预设并提出相应解决方案。

## 任务二：策划"欢乐六一，童梦飞扬"社区六一儿童节活动

### 一、任务目标

（一）总体目标

营造温馨、快乐的节日氛围，增强社区凝聚力，为社区儿童提供一个展示自我、享受快乐的平台。

（二）具体目标

1. 通过活动增进社区居民之间的交流与友谊，特别是亲子之间的互动。
2. 鼓励幼儿展示个人才艺，增强自信心和表现力。
3. 传递关爱儿童、重视家庭教育的正能量，营造和谐的社区氛围。

### 二、任务要求

撰写亲子运动会策划方案，应包含具体的活动时间、活动地点、活动目标、人员安排、活动准备、活动流程等。要求写清楚具体的活动项目及其规则。

### 三、情境任务

社区六一儿童节活动材料准备的注意事项是什么？

### 在线测试

1. 幼儿园家长工作包括许多方面，其中（　　）是做好家长工作的重要前提。
   A. 密切双方的联系沟通　　　　B. 积极宣传指导
   C. 为家长提供有效服务　　　　D. 争取家长的支持

参考答案

2. 家园共育的注意事项不包括（　　）。
   A. 要赢得家长的信任和真诚合作　　B. 努力提高双方合作共育的能力
   C. 追求合作关系效应的最大化　　　D. 共育过程中幼儿园与家长是监督关系

3. 材料分析题：暑假结束，李老师埋怨："孩子在家过一个暑假再回到幼儿园后，许多良好的行为、习惯就退步了，不认真吃饭，乱扔东西，活动时喜欢说话。不知孩子在家时，家长是怎么教育的。"站在一旁的张老师颇有同感地说："是啊，如果家长都能按我们的要求去教育孩子，我们的工作就好做多了。"李老师接着说："可这些家长不按照我们说的做也罢，还经常给我们提这样那样的意见，好像我们当老师的还不如他们做得多，真拿这些家长没办法。"

（1）请运用幼儿园与家庭相互配合的相关理论，分析和评论李老师和张老师的教育观点是否正确。

（2）结合《纲要》内容，从家园互动的本质来谈谈幼儿园与家庭的关系。

### 课后学习指导

大学生慕课——幼儿园班级管理（南通大学），https://www.icourse163.org/course/NTU-1469757176?from=searchPage&outVendor=zw_mooc_pcssjg_。

模块三　项目一　学习情况评价表

| 评价项目 | | 评价标准 | 状态水平描述 | | |
|---|---|---|---|---|---|
| | | | 自我评价 | 小组评价 | 教师评价 |
| 学习内容评价 | 家园合作共育 | 1. 是否知道班级与家庭合作共育的内容和方式<br>2. 能否合理利用家庭资源做好班级管理工作 | | | |
| | 社区资源的有效利用 | 1. 是否知道社区资源及其功能<br>2. 能否掌握开发利用社区教育资源的策略 | | | |
| 学习表现评价 | 学习态度 | 1. 是否认真学习本项目内容<br>2. 是否积极参与课堂讨论和小组活动<br>3. 是否认真完成练习题和拓展实践<br>4. 是否积极思考并主动向同学和保教人员请教问题 | | | |
| | 学习能力 | 1. 能否运用本项目内容结合实际分析幼儿园、家庭、社区协同教养的主要形式<br>2. 能否结合本项目内容对幼儿园实践活动进行反思<br>3. 能否主动查阅相关书籍进行拓展阅读 | | | |
| 综合评价 | 自我评价：<br>小组评价：<br>保教人员评价： | | | | |

# 模块四
# 幼儿园不同阶段典型工作管理

## 模块情境

每年九月,幼儿园门口都上演着"妈妈不要离开我"的"剧目";而小学的门口,一年级新生也紧张地走进校园,开启他们的小学生活。一个月之后,幼儿园的小朋友渐渐能平静地向爸爸妈妈挥手说再见,背着小书包和老师、小朋友一起走进幼儿园;小学生们也开始交到自己的新朋友。一个月的时间里,教师应该如何帮助幼儿园新生尽快适应幼儿园的生活?又应该怎样帮助大班幼儿做好上小学的准备?

## 项目知识框架

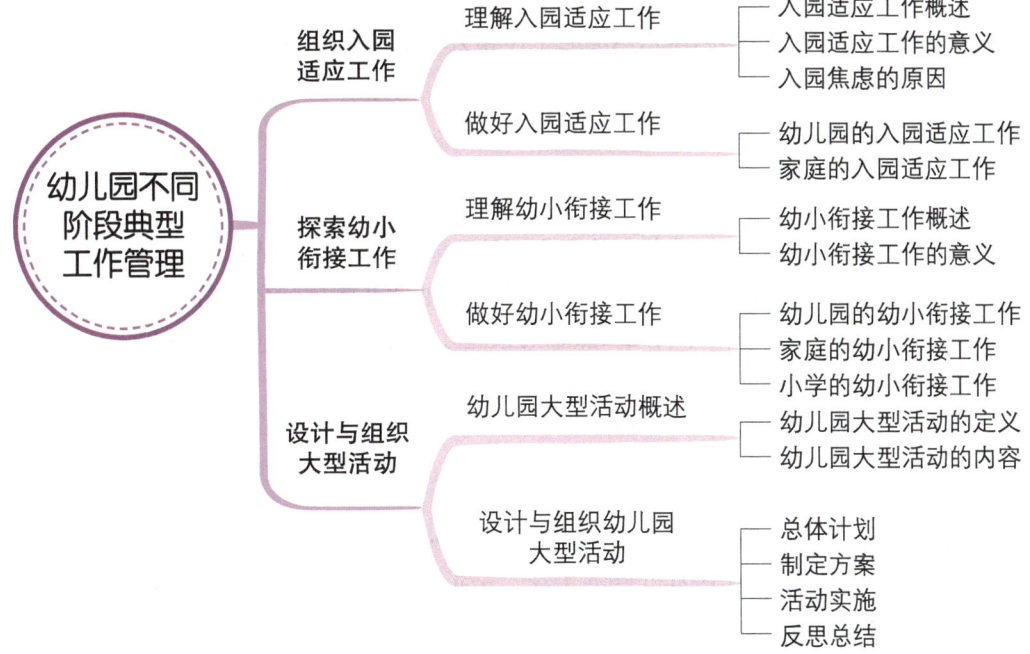

# 项目一  组织入园适应工作

## 内容导读

本项目将阐述幼儿入园适应的工作内容与实施,首先介绍入园适应工作的意义,分析幼儿入园焦虑的四类主要原因,然后从幼儿园和家庭的角度分析如何帮助幼儿更好地缓解入园焦虑,顺利适应幼儿园的生活。幼儿园方面主要分为入园前的工作、入园时的工作和入园后的工作,家庭方面则从身心准备、物质准备和能力准备三个维度分析。幼儿园的入园适应工作主要由教师进行,家庭的入园适应工作可以通过家园合作共育的方式,由教师指导家长在家庭进行。

### 任务一  理解入园适应工作

#### 学习目标

认知目标:掌握入园适应工作的内容。
技能目标:能够计划并实施幼儿的入园适应工作。
情感目标:理解入园适应工作对幼儿发展的重要意义。
思政目标:理解并贯彻国家入园适应工作相关政策文件的精神。

#### 基础知识

一、入园适应工作概述

入园适应是指"新入园的幼儿在从家庭到幼儿园这个转折过程中,能够认识到幼儿园环境的要求,从心理和行为上做出调整以达到接纳幼儿园生活的过程"。与之相关的另一个概念是"入园焦虑",即幼儿从熟悉的家庭环境走向幼儿园时产生的恐惧、不安、难过的情绪。《指南》社会领域"社会适应"部分目标1指出,3~4岁幼儿应"对幼儿园的生活好奇,喜欢上幼儿园"。由此可见,入园适应也是幼儿社会适应的一部分。

二、入园适应工作的意义

对幼儿来说,进入幼儿园又被称为"心理断乳",是幼儿从家庭迈向社会的重要一步。顺利摆脱入园焦虑,适应幼儿园的生活,逐步培养社会适应的能力,是幼儿认知、情感、社会性全面发展的基础。

对家长来说，新生入学阶段，不仅幼儿会经历分离焦虑，部分家长也有分离焦虑，他们可能担心孩子在幼儿园是否适应良好，是否进餐，会不会告诉老师自己的需求，等等。做好幼儿入园适应工作，不仅能促进幼儿在幼儿园的健康发展，还能让家长尽快度过"焦虑阶段"，从关注幼儿的适应转而关注幼儿的全面发展。

对幼儿园来说，帮助幼儿顺利适应幼儿园的生活是《指南》社会领域中"社会适应"目标的内容。培养幼儿的社会适应能力，有助于顺利开展保育与教育活动，也有助于与家长建立信任关系，促进家园合作共育。

### 三、入园焦虑的原因

#### （一）生理特点

3岁的幼儿对父母和家庭有较强的依恋情绪，进入幼儿园意味着较长时间与父母分离，这会让他们产生焦虑。同时，3岁幼儿的情绪调控能力仍在发展之中，他们还不能做到有意控制，因此在入园时会出现哭闹等行为。

#### （二）环境变化

虽然幼儿可能有参观幼儿园的前期经验，但与家中环境相比，幼儿园的环境仍较为陌生，与家中有诸多不同。且幼儿对教师的熟悉程度不及家人高，幼儿还需适应变化的一日生活流程，不能像在家中一样随性而为。

#### （三）自理能力

进入幼儿园后，部分幼儿可能因为缺乏在集体生活中的自理能力而难以适应幼儿园生活。例如，幼儿在园时大多需要独立进餐、独立入睡、自己如厕等，缺乏这些能力可能使他们对幼儿园的抵触情绪更加明显。

#### （四）家长影响

部分家长在孩子进入幼儿园后也会表现出焦虑情绪，担心孩子中午是否睡得着，在幼儿园有没有同伴一起玩耍，有没有因为哭闹影响进餐，等等。家长与幼儿分离时会依依不舍，或悄悄在班级教室外观察，久久不愿离去。这种担心与焦虑情绪可能会传递给幼儿，进而影响幼儿的情绪，延长幼儿入园适应的周期。

## 任务二　做好入园适应工作

### 学习目标

认知目标：掌握入园适应工作的内容。
技能目标：能够计划并实施幼儿的入园适应工作。
情感目标：理解入园适应期幼儿与家长的情感变化。
思政目标：理解并贯彻国家入园适应工作相关政策文件的精神。

## 基础知识

### 一、幼儿园的入园适应工作

#### （一）入园前的工作

1. 了解新生基本情况

入园前，教师了解新生情况主要有两种途径：家访与家长约谈。家访是教师去到幼儿家中，通过与家长交流以及观察幼儿在家中的情况，了解幼儿及其家庭基本情况的一种方式。家长约谈的场所一般为幼儿园，家长独自或与幼儿一起来到幼儿园与教师沟通交流信息，帮助教师在幼儿入园前了解幼儿及其家庭的基本信息。

家访或家长约谈的主要内容包括：幼儿的生活习惯，如吃饭、睡觉的习惯，生活习惯有无需要注意的方面；幼儿的个性特点，如情绪比较温和或表现比较激烈等；幼儿的兴趣爱好，如在家中喜欢哪些活动等；幼儿的身体情况，如是否过敏体质及过敏原、是否习惯性脱臼或有高热惊厥史等；幼儿的主要照料者，如父母、祖父母、家中的阿姨等；家长的教育理念与对孩子的期待；等等。

2. 创设班级环境

创设温馨的班级环境有助于幼儿更快地适应幼儿园的生活。教师可在班级区域以"家"为主题创设环境，如创设"娃娃家"区域，让幼儿在幼儿园中也能感受到家庭的温暖，获得心理上的补偿。还可以让幼儿将全家福带到幼儿园中，让幼儿在班级环境中也能看到自己熟悉的家人。

3. 召开新生家长会

通过前期家访与幼儿家长的交流，以及参考书本知识或过去积累的经验，教师可在新生入园前召开新生家长会。家长会传递的主要信息包括：幼儿园办学理念介绍；班级基本情况介绍，如班级教师、班级幼儿人数、班级环境等；保育教育安排与活动安排；学期重点工作，如幼儿入园焦虑的表现、原因和对策；幼儿园安全与卫生保健需要；幼儿园一日生活作息安排；前期交流中家长关心问题的解答；等等。

4. 组织新生体验日

部分幼儿园会在幼儿入园前开展新生体验日活动（图4-1-1）。活动当天，班级组织幼儿和家长一起参与亲子活动，让幼儿通过活动认识和熟悉班级老师、同伴和幼儿园环境，减少对幼儿园的陌生感与恐惧感，帮助幼儿更快适应幼儿园的生活。

图4-1-1　新生体验日

#### （二）入园时的工作

1. 教师方面

牢记家长嘱咐。晨接环节，家长可能会嘱咐教师幼儿当天需要注意的事项，如孩子有些咳嗽，请在喝水环节多给孩子准备水，并观察当日咳嗽情况；孩子早餐吃得比较少，关注当天的饮食情况；等等。这些看似小事，但教师一定要牢记于心。为防止遗忘，教师可使用便签等方式记录下来，并给予家长反馈，如晚送时回复家长早上叮嘱的事项，让家长感受到教师对孩子的用心与关心，从而建立良好的家园信任关系。

2. 家长方面

晨接环节，当家长将幼儿送到幼儿园，告知幼儿下午会准时接他后，家长应尽快离开。家长是幼儿的社会参照，幼儿会根据家长的情绪反应来判断环境。若家长表现出依依不舍或不安的情绪，可能会影响幼儿，不利于幼儿的入园适应。

 知识卡片

### 入园了，你会和孩子恰当分离吗？

1. 欺骗式分离

新生入园时，孩子紧紧抱住妈妈的大腿哭喊："妈妈不要走，妈妈不要走！""宝宝不哭，妈妈不走，妈妈和你一起玩玩具。"于是，妈妈陪着孩子一起在游戏区搭建积木，孩子渐渐安静下来，注意力转移到了搭建上。此时，妈妈趁机快速偷偷跑掉。待孩子发现妈妈不见时，孩子更加哭闹不止。

2. 纠缠、延迟式分离

家长完全接纳孩子的情绪，并无条件支持孩子的行为。例如，孩子摸着妈妈的脸反复说："妈妈再抱我一会儿，妈妈再亲亲我，妈妈再跟我说说话……""好的好的，妈妈再抱抱你……"家长一脸的疼爱与不舍，满足孩子的各种要求，分离时间持续很久，最终导致更难分离。

3. 简单、粗暴式分离

家长完全不接纳孩子的哭闹情绪，不能正确理解孩子的分离焦虑情绪，通过打骂孩子的方式强制性分离。例如，孩子搂着爸爸的脖子大声哭喊不下来："我要回家！我要回家！"家长没有安抚孩子的情绪而是严厉地训斥："快放手！怎么这么不听话！"边说边打了孩子的屁股一巴掌，并用力将其推给老师，转身离开。

4. 偷窥式分离

家长似断非断式分离，会强化孩子的哭闹行为。例如，奶奶将孩子送到幼儿园后不放心，便躲在墙角、门后、窗外偷看，刚刚稳定情绪的孩子突然看到窗外的奶奶，马上又大哭起来，边哭边向奶奶狂奔而去。

5. 正面引导式分离

家长不惩罚、不骄纵，和善与坚定并行，引导孩子入园。家长理解、接纳孩子不适应新环境的哭闹情绪，但不支持他的哭闹行为。例如，妈妈紧紧把孩子抱在怀里，轻轻地拍拍他的后背，温和地对他说："宝宝长大了，妈妈上班，你上幼

儿园。下班后，妈妈一定会来接你的，想哭就哭会儿吧，妈妈爱你，宝宝再见。"然后从容地跟孩子摆手离开。

（资料来源：李强，《入园了，你会和孩子恰当分离吗？》，《早期教育（家教版）》2021年 第9期，第40～41页，有改动。）

### （三）入园后的工作

#### 1. 及时与新生家长进行幼儿在园情况沟通

入园适应期间，教师与家长沟通的频率一般较高。教师与家长沟通的主要方式有：晨接晚送，电话交流，微信、QQ或其他沟通平台交流，家园联系手册等。沟通的主要内容包括幼儿情绪、饮食、社交等方面。沟通的时间主要为晨接晚送和午间时段。新生入园期间，教师观察幼儿的在园情况并及时与家长沟通，不仅能缓解家长对幼儿在园生活的忧虑，而且有助于在早期建立良好的家园合作关系。

#### 2. 组织丰富多彩的一日生活活动

3岁的幼儿注意力容易分散，有趣的活动能够吸引他们的注意，使他们暂时忘记想回家或找妈妈的诉求，投入到活动中，感受活动的乐趣，逐步喜欢上幼儿园的生活。教师可以准备一些有趣的游戏与幼儿一起玩耍，或领做律动操，一些幼儿会被教师活泼的动作或好听的音乐吸引，进而加入活动中；一些幼儿喜欢听故事，故事情节的变化会吸引他们，使他们暂时停止哭泣，认真倾听；还可以进行涂鸦活动，帮助幼儿宣泄负面情绪，缓解入园焦虑。总之，教师可以根据幼儿的年龄特点，结合本班幼儿的实际情况，组织丰富多彩的一日生活活动。

#### 3. 根据入园焦虑的原因与表现采用不同方法

幼儿入园焦虑主要有以下表现：

（1）经常哭闹。部分幼儿可能大哭大闹，难以安抚，甚至在哭闹中喊哑嗓子。

（2）情绪紧张。部分幼儿会表现出紧张情绪，如吮吸大拇指、在睡梦中惊醒等。

（3）沮丧低落。部分幼儿会表现出沮丧情绪，如默默流泪，不愿与他人交流。

（4）进餐困难。部分幼儿会食欲下降，进餐时拒绝吃幼儿园的食物，教师劝说或喂食也难以改变。

（5）生病增多。由于长时间的焦虑，情绪不佳，部分幼儿可能免疫力下降，进而生病。

教师可以根据幼儿入园焦虑的不同原因与表现采用不同的方法。例如：经常哭闹的幼儿，一般性格比较外向，可以通过丰富多彩的活动吸引他们的注意；沮丧低落的幼儿，可以多和他们聊聊天，对他们多一些关心，用图书和玩具等缓解他们的消极情绪，消除他们的恐惧感，使其对教师产生信任。

 知识卡片

### 幼儿入园适应的四个阶段

表4-1-1 幼儿入园适应的阶段

| 适应阶段 | 名 称 | 各阶段主要工作安排 |
| --- | --- | --- |
| 第一阶段 | 适应困难期<br>（第1～6天） | 幼儿入园时，顺应幼儿的需求、安抚幼儿情绪、消除适应障碍应成为主要的教育目标 |
| 第二阶段 | 波动调整期<br>（第7～16天） | 稳定已适应的幼儿，避免其反复成为工作的重点；安排恰当的活动内容，吸引幼儿的注意 |
| 第三阶段 | 基本适应期<br>（第17天～国庆节） | 关注正常的活动安排，指导家长避免长假之后出现严重的入园反复状况 |
| 第四阶段 | 二次适应期<br>（国庆节后一周） | 国庆节假期后，多数幼儿能较快完成适应，但个别幼儿反复情况严重，教师需要特别关照 |

（资料来源：曹艳艳、余成红、宋传祥主编，《学前儿童社会教育与活动指导》，人民邮电出版社2020年版，有改动。）

## 二、家庭的入园适应工作

幼儿园可从身心准备、物质准备和能力准备三个方面与家庭合作，与家长交流可在家中进行的入园适应准备工作。

### （一）身心准备

幼儿入园前，家长可通过照片和视频等方式给幼儿介绍幼儿园的老师，帮助幼儿了解幼儿园的环境与生活，在介绍过程中要表现出积极的情绪，让幼儿建立对幼儿园的期待。同时，家长也可以根据幼儿园的一日生活安排对幼儿的作息进行调整，如三餐时间、午睡时间、饮水方式等。

### （二）物质准备

家长在准备幼儿入园所需的物品时，可以让幼儿参与其中，如一起挑选在幼儿园使用的水杯、备用衣物等，一起整理好书包。准备入园物品的过程可以帮助幼儿建立入园的心理预期。

### （三）能力准备

家长可在入园前根据幼儿的年龄特点，培养幼儿相应的能力，使其尽快适应幼儿园的生活。例如，3岁的幼儿可以独立用勺吃饭，如厕时会自己提拉裤子，午睡时能独立入睡，能够向老师表达自己的需求，等等。

 **学有所思**

请你结合实际举例子：家长还可以做一些什么事情帮助幼儿缓解入园焦虑？

**案例探索**

### 其他促进幼儿入园适应的策略与实践

1. 借助音乐缓解幼儿入园焦虑

北京市西城区棉花胡同幼儿园的教师从暑假开始，尝试发挥音乐的情感功能来缓解幼儿的入园焦虑情绪。鉴赏了多首摇篮曲后，考虑到新小班幼儿能够接受和理解的程度，最终选择了贝瓦儿歌版《摇篮曲》。此歌很难得地由男声演唱，旋律平缓简单，歌词浅显直白，易于幼儿理解，就好像爸爸日常演唱的催眠曲一样。确定歌曲后，老师们向家长提出建议：①在晚上临睡觉之前播放或演唱此首《摇篮曲》；②播放歌曲时，爸爸或妈妈可以和着音乐唱给宝宝听，过程中家长的眼神要与孩子有温柔的交流；③适时和孩子一起聊一聊歌词的意思，询问幼儿的感受；④有时可以抱起孩子，一边随着音乐的速度和节拍摇动一边歌唱，也可以玩游戏——在大双人床上，用床单、毛巾被等当作宝宝的小摇篮，宝宝躺在中间，家长提住四个角，随着歌曲摇动"小摇篮"。

幼儿入园后，教师在生活环节与区域活动环节尝试播放这首《摇篮曲》时，幼儿出现了不同的良好情绪反应：开始还很沉默的幼儿听到这首歌，产生了与教师互动的愿望；个别幼儿表现兴奋，跑到教师面前用语言和肢体描述在家听歌的情景；个别正在哭泣的幼儿情绪有所变化；一小部分幼儿开始跟着一起唱。

音乐能和我们的生活产生共鸣，帮助我们宣泄情绪，给我们慰藉和能量。《摇篮曲》在幼儿入园初期使用再合适不过。入园前在家中，家长唱给孩子听，将感情注入音乐。当幼儿来园产生分离焦虑时，随着《摇篮曲》音乐流淌出来的不仅是音符，更是父母的爱。音乐就像盛满情感的容器，带给幼儿安全感和满足感。

（资料来源：冯楠、韩孟迪，《入园第一首歌——借助音乐缓解小班幼儿分离焦虑》，《学前教育》2019年第C1期，第15～17页，有改动。）

2. "送玩偶上幼儿园"缓解幼儿入园焦虑

宁波市海曙区江湾城幼儿园的教师分析幼儿不愿意上幼儿园的深层次原因，通过"送玩偶上幼儿园"的活动帮助幼儿顺利实现从家庭到幼儿园的过渡。

场景一：一群两周岁、还未正式入园的托班小朋友人人抱着一个玩偶。班级老师热情地在大门口迎接："爸爸（妈妈）好，你送宝宝来上幼儿园了呀。请你带宝宝测体温，请你教宝宝洗手，请你带宝宝到医生老师那里检查。"小朋友完成以上要求后,老师慎重接过玩偶:"欢迎你来幼儿园,现在和爸爸(妈妈)说再见吧。"玩偶们坐上小推车进入教室,托班小朋友们则一步三回头地回家了。

场景二:家里,托班小朋友让爸爸妈妈打开班级群,因为班级老师已经将玩偶在幼儿园生活、游戏的场景上传到群中。看到玩偶跟随老师玩玩具、听故事、去操场玩大型玩具,小朋友会和爸爸妈妈说:"那里(幼儿园)很好玩的。"

场景三:送玩偶入园三天后,17名托班小朋友顺利开启入园生活,他们对班级中的一切了如指掌,自己找区域玩具,知道什么时候吃点心、到哪里上厕所。老师和家长一致认为:"这种入园适应活动太适合托班宝宝了。"

让托班幼儿送自己最喜欢的玩偶上幼儿园,实质是一个转换的替代性游戏。

第一阶段,"你替我进去"。幼儿看自己最亲密的玩偶替代自己进入幼儿园生活。在此阶段,幼儿对幼儿园有陌生感,但不会焦虑。因为此时他并不需要进入幼儿园,而是护送"玩偶上幼儿园"的"小爸爸""小妈妈"。这样的角色扮演带给幼儿的不是压力,而是欢快的情绪。

第二阶段,"我陪你进去"。幼儿跟随自己最亲密的玩偶进入幼儿园逗留片刻。幼儿对陌生环境、人群的焦虑感随着多次看到亲密玩偶进入幼儿园后降低,此时,幼儿喜欢玩耍的天性自然展现,幼儿园内的玩具吸引着他们,而且有亲密的玩偶在,大大降低了他们的焦虑感。他们甚至会主动提出让爸爸妈妈等在门口,自己陪玩偶进入班级看看,还会要求逗留更长的时间。

第三阶段,"我代(带)你进去"。幼儿每天和自己最亲密的玩偶一起在幼儿园生活、游戏。随着幼儿陪伴玩偶时间的延长,幼儿对幼儿园、教师从陌生到熟悉,园外的父母也从等待半小时延长到一小时到半天,直至更长时间。此阶段,幼儿会慢慢出现遗忘玩偶的现象。这意味着幼儿对幼儿园和班级教师的完全接纳,意味着幼儿能接受与亲密照顾人较长时间分离的现实。

三个阶段,因亲密玩偶,幼儿顺利完成了入园适应。

(资料来源:李江美,《送玩偶上幼儿园:一种有效缓解低幼儿童入园焦虑的模式》,《学前教育》2021年第23期,第25~27页,有改动。)

3. 梯度入园缓解幼儿入园焦虑

北京市朝阳区朝花幼儿园对入园适应课程进行了研究与实践,其中一项便是梯度入园。该幼儿园会在8月针对9月入园的幼儿开展亲子活动和独立半日活动两个阶段的活动,每个阶段持续两周的时间,帮助幼儿熟悉教师、同伴与环境,对幼儿园产生安全感与信任感。

第一阶段:持续两周的亲子活动

8月的第1、2周,为保证入园适应课程的质量,每班分成2组,每组最多15组家庭,上午8:30—9:30、10:00—11:00各安排一组。本班教师同时接待这两组家庭,主配班教师轮流带班,保证充分观察、了解幼儿,与每一个幼儿互动,满足幼儿受关注的需要。活动内容包括以下三个方面:自我介绍、参观幼儿园和

亲子活动。

第二阶段：持续两周的独立半日活动

8月的第3、4周，幼儿独立入园，以班级为单位开展活动，不再分组，目的是让本班幼儿相互熟悉，了解幼儿园半日活动的流程，巩固幼儿在亲子活动周建立的安全感和秩序感，加深师幼关系。

独立半日活动内容与幼儿入园后的一日生活流程一致，主要包括生活活动（盥洗、喝水等）、集体教育活动、区域游戏活动（美工区、建构区、娃娃家、益智区、图书区等）、户外活动、加餐等环节。

经过两周的独立半日活动，大部分幼儿能够适应幼儿园生活。到了9月，幼儿园里几乎听不到孩子撕心裂肺的哭喊声。

（资料来源：刘卫卫、徐小帆，《幼儿园入园适应课程的研究与实践》，《学前教育（幼教版）》2020年第6期，第34～37页，有改动。）

## 行动研修

### 设计幼儿园新生体验日活动

#### 一、任务目标

（一）总体目标

具备组织幼儿园新生入园适应活动的能力。

（二）具体目标

1. 知道幼儿园新生入园适应的内容。
2. 能顺利组织新生入园适应活动。

#### 二、任务要求

撰写新生体验日活动记录，要求包含以下内容：活动名称、活动目标（可从认知目标、情感目标和技能目标三个维度描述）、活动人员、活动准备（物质准备与人员安排）、活动具体流程、活动反思。

#### 三、情境任务

（一）情境任务一

小班新生即将入园，作为班级老师要给家长一份入园物品清单，请列出清单上应该具备的物品。

（二）情境任务二

请列出新生入园适应工作的人员安排。

（三）情境任务三

请设计新生入园适应活动的流程并尝试实施。

## 在线测试

1. （多选）家庭的入园适应工作主要包括（　　）。
   A. 身心准备　　　B. 物质准备　　　C. 材料准备　　　D. 能力准备
2. （单选题）从幼儿的角度出发，以下（　　）方式更有助于幼儿适应幼儿园。
   A. 欺骗式分离　　B. 纠缠、延迟式分离　　C. 偷窥式分离　　D. 正面引导式分离
3. （简答题）入园适应工作分为哪三个阶段？
4. 【2020·下】为了帮助小班新入园幼儿尽快适应集体生活，余老师准备开展"高高兴兴上幼儿园"主题系列活动。请围绕该主题为余老师设计三个子活动。
   要求：写出主题活动总目标；写出其中一个子活动的活动方案，包括活动的名称、目标、准备和主要环节；写出另外两个子活动的名称、目标。

参考答案

## 课后学习指导

刘晓娜著，《孩子要入园，你准备好了吗？》，清华大学出版社2023年版。

## 评价反思

模块四　项目一　学习情况评价表

| 评价项目 | | 评价标准 | 状态水平描述 | | |
| --- | --- | --- | --- | --- | --- |
| | | | 自我评价 | 小组评价 | 教师评价 |
| 学习内容评价 | 理解入园适应工作 | 1. 知道入园适应工作对幼儿、家长和幼儿园的意义<br>2. 能列举幼儿入园焦虑的原因 | | | |
| | 做好入园适应工作 | 1. 知道入园适应工作的三个阶段和具体内容<br>2. 能计划并实施幼儿的入园适应工作 | | | |
| 学习表现评价 | 学习态度 | 1. 认真学习本项目内容<br>2. 积极参与课堂讨论和小组活动<br>3. 认真完成练习题和拓展实践<br>4. 积极思考并主动向同学和保教人员请教问题 | | | |
| | 学习能力 | 1. 能运用本项目内容结合实际计划入园适应活动<br>2. 能结合本项目内容对幼儿园入园适应活动进行反思<br>3. 能主动查阅相关书籍进行拓展阅读 | | | |
| 综合评价 | 自我评价：<br>小组评价：<br>保教人员评价： | | | | |

# 项目二 探索幼小衔接工作

> **内容导读**
>
> 本项目首先从幼儿、幼儿园、小学和家长四个角度阐述幼小衔接工作的意义，然后从幼儿园、家庭和小学三个方面阐述如何进行幼小衔接工作，帮助大班幼儿顺利过渡到小学的生活。根据2021年教育部颁布的《幼儿园入学准备教育指导要点》，幼儿园可从身心准备、生活准备、社会准备和学习准备四个维度准备幼小衔接工作；家庭的幼小衔接工作可从观念引导和习惯养成两个角度思考；小学则可组织参观答疑和共商课程活动。

## ● 任务一 理解幼小衔接工作 ●

### 学习目标

认知目标：掌握幼小衔接工作的内容。
技能目标：能够计划并实施幼儿的幼小衔接工作。
情感目标：理解幼小衔接工作对幼儿发展的重要意义。
思政目标：理解并贯彻国家幼小衔接工作相关政策文件的精神。

### 基础知识

#### 一、幼小衔接工作概述

2021年3月，我国教育部发布《关于大力推进幼儿园与小学科学衔接的指导意见》，其中包含《幼儿园入学准备教育指导要点》与《小学入学适应教育指导要点》两个文件，从国家层面分别对幼儿园的入学准备和小学的入学适应工作进行指导。

幼小衔接是指在幼儿园大班和小学一年级上学期关键时段内，通过幼儿园、小学、家庭、社会等各方的联合行动和共同努力，遵循儿童发展的阶段性与连续性，采取一体化、相互承接的有效举措，重点发展儿童在身心、生活、社会性、学习方面的素质和能力，帮助儿童顺利做好入学准备与入学适应，为儿童后继学习和终身发展奠定坚实基础的教育活动。

## 二、幼小衔接工作的意义

### （一）幼儿方面

即将升入小学的大班幼儿，对未知的小学生活可能有很多疑问或担心，甚至焦虑。幼小衔接工作能够解答幼儿的疑问，进而缓解甚至消除他们的担心或焦虑，使其更好地适应小学的生活与学习。

### （二）幼儿园方面

《指南》社会领域"社会适应"目标1"喜欢并适应群体生活"中，对5～6岁幼儿的要求为"对小学生活有好奇和向往"。科学有效地做好幼小衔接工作是培养幼儿社会适应能力的一部分，也是衡量幼儿园教育工作的一个重要指标。

### （三）小学方面

对小学而言，刚升入小学的幼儿在生活习惯、学习习惯等方面可能都与小学的要求不同。与幼儿园一起做好幼小衔接工作，让幼儿对小学的生活有所了解、有所适应、有所期待，有助于小学更好地开展教育教学工作。

### （四）家长方面

随着家长对子女教育日益关心，幼儿园升入小学成为家长非常重视的一个"里程碑"，很多家长担心自己的孩子不能适应小学的生活和学习，对知识学习方面尤为担心。做好幼小衔接工作，有助于培养家长科学的幼小衔接理念，实现合作共育，为孩子将来的发展奠定良好的基础。

## • 任务二　做好幼小衔接工作 •

### 学习目标

认知目标：掌握幼小衔接工作的内容。

技能目标：能够计划并实施幼儿的幼小衔接工作。

情感目标：愿意与家长、小学合作进行幼小衔接工作。

思政目标：理解并贯彻国家幼小衔接工作相关政策文件的精神。

### 基础知识

#### 一、幼儿园的幼小衔接工作

根据《幼儿园入学准备教育指导要点》，幼儿园的入学准备工作主要分为身心准备、生活准备、社会准备和学习准备四个维度。

##### （一）身心准备

身心准备维度，心理方面主要包括向往入学和情绪良好。入学向往即初步了解小学，对小学生活充满期待，且希望成为一名小学生，愿意为入学做准备；情绪良好指能经常保持积极、稳定的情绪，且遇到困难和不开心的事情，不乱发脾气，不迁怒于他人。身体方面主要包括喜欢运动和动作协调。喜欢运动即积极参加多种形式的户外活动，能连续参加体育活动半小时以上；动作协调即手部动作协调，能使用简单的工具和材料。

（二）生活准备

生活准备维度主要包括生活习惯、生活自理、安全防护和参与劳动。

生活习惯方面：保持规律作息，坚持早睡早起、睡眠充足；保持良好的个人卫生，有自觉洗手的习惯；有保护视力的意识。

生活自理方面：能按需喝水、如厕、增减衣服；坚持自己的事情自己做，能分类整理和保管好自己的物品；有初步的时间观念，做事不拖沓。

安全防护方面：能自觉遵守基本的安全规则和交通规则，有自我保护的意识；知道基本的安全知识，遇到危险会求助。

参与劳动方面：能主动承担并完成分餐、清洁、整理等班级劳动；能做一些力所能及的家务劳动。

（三）社会准备

社会准备维度主要包括交往合作、诚实守规、任务意识和热爱集体。

交往合作方面：能和同伴友好相处，乐于结交新朋友；能与同伴分工合作共同完成任务，遇到困难互帮互助，发生冲突时尝试协商解决；能主动向老师表达自己的想法和需求。

诚实守规方面：能遵守游戏和日常生活中的规则；知道要做诚实的人，说话算数。

任务意识方面：理解老师的任务要求，能向家长清晰地转述并主动去做；能自觉、独立地完成老师安排的任务。

热爱集体方面：喜爱自己的班级和幼儿园；愿意为集体出主意、想办法、做事情；初步形成爱家乡、爱祖国的情感。

（四）学习准备

学习准备维度主要包括好奇好问、学习习惯、学习兴趣和学习能力。

好奇好问方面：对身边的新事物感兴趣，有好奇心和探究欲；喜欢刨根问底，乐于动手动脑。

学习习惯方面：能专注地做事，分心时能在成人提醒下调整注意力；能坚持做完一件事，遇到困难不放弃；乐于独立思考并敢于表达；做事有一定的计划性。

学习兴趣方面：对大自然和身边的事物有广泛的兴趣，努力寻找答案；喜欢阅读，乐于和他人一起看书讲故事，遇到问题经常通过图书寻找答案；对生活情境中的文字符号感兴趣，愿意用图画、符号等方式记录自己的想法和发现；愿意用数学的方法尝试解决生活和游戏中的问题，体验解决问题的乐趣。

学习能力方面：在集体情境中能认真听并能听懂他人说话，有疑问时能主动提问；能较清楚地讲述一件事情；能说出图画书的主要情节，并有自己的理解和想法；在绘画、拼图等活动中，能识别上下、左右等方位；能认识并书写自己的名字；能在教师指导下，尝试运用数数、排序、简单的统计和测量等数学方法解决日常生活中的问题。

## 二、家庭的幼小衔接工作

### （一）观念引导

家长的观念会影响幼小衔接工作的导向。在身心准备、生活准备、社会准备和学习准备四个维度，家长更多关注孩子的学习准备，担心别的孩子已经学会拼音、算数知识，自己的孩子会因为没学过而产生挫败感。因此，幼儿园在家庭幼小衔接工作方面的重点之一是对家长观念的引导。可开展大班家长讲座，向家长介绍科学的幼小衔接观念、幼小衔接的具体内容、幼儿园所做的幼小衔接工作、家长在家中可进行的与幼小衔接相关的活动，缓解家长的焦虑，帮助家长树立科学的幼小衔接理念。

 知识卡片

**幼小衔接，需要提前储备知识吗？**

家长怕孩子入小学后"考不好""厌学""产生挫败感"，而采取让孩子"提前学"的方式来解决问题。对此，小学一年级班主任郑老师给出了自己的观点。

正确看待知识储备。小学一年级新生仍处于有意注意养成阶段，他们需要在接触新知识、解决新问题的过程中培养注意力和思维品质。如果课堂上出现的内容是学过的，孩子很难像遇到新问题时一样有专注的精力去倾听和理解。他此时的轻松状态源于"别人在和老师一起用方法获取知识，他只需要吃老本"。用于检测学生学习效果的作业和考试又无法测验出孩子在注意力、思维品质方面的问题，因此他的轻松是一种假象。当提前储备的知识不足以支撑新学习、挑战新问题时，孩子的习惯、思维品质等一系列问题会逐渐暴露。这也是为什么在三年级时，班级中孩子的学业水平会出现波动，一批稳扎稳打的孩子成绩稳定上升，一批孩子却因不同原因出现下滑。

正确看待"入学顺利"。经过知识性训练"顺利适应"小学生活的学生，往往会得到家长的赞誉，如"聪明""能干""省心"等。在这种顺境中，认真倾听、虚心请教、提前预习、及时复习等良好的学习习惯很难养成，甚至可能导致自信心膨胀等不良倾向。但随着储备知识的逐渐消耗，孩子、家长面对学习上的困难、成绩的浮动都很难适应，挫败感往往使孩子对自己丧失信心，缺乏教育经验的家长将之视为孩子不努力、不谦虚等对孩子进行指责，更令孩子对学校、学习产生厌倦。

可以看出，如果把幼小衔接的焦点放在"知识储备"上，期待通过"提前学"来解决问题，结果很可能适得其反。提前跑可能一时跑得快，但未必能一直领跑。

（资料来源：李红蕾，《幼小衔接，家庭教育的着力点在哪里？》，《早期教育（家教版）》2021年第11期，第8～9页，有改动。）

## （二）习惯养成

家庭幼小衔接工作的内容主要在于幼儿习惯的培养。幼儿园可根据《幼儿园入学准备教育指导要点》中生活准备维度的内容，梳理幼儿已有习惯和能力，以及需要培养的习惯和能力，与家长沟通合作。教师在幼儿园中培养幼儿这些习惯与能力的同时，家长也可在家中配合进行，家园合作共育，帮助幼儿养成良好的学习和生活习惯，具备本年龄段应有的能力，升入小学后顺利适应小学的生活。

## 三、小学的幼小衔接工作

### （一）参观答疑

幼儿园可与附近的小学建立积极的合作关系。在大班下学期、幼儿升入小学前与小学联系，带领大班幼儿到小学进行实地参观。有条件的可多参观两所小学，让幼儿对不同的小学都有一定的了解。参观后，给大班幼儿提出问题的机会，开展相关活动让幼儿探索问题的答案，或邀请小学老师或小学生对他们的问题进行解答，如一些幼儿担心小学的作业太多，一些幼儿认为小学的教学楼太大，担心自己迷路等。让幼儿的问题得到解答，担心的问题得以解决。

### （二）共商课程

幼小衔接是双向工作，不是幼儿园与小学的单向衔接。幼儿园与小学可进行交流与合作，定期开展主题教研活动，根据《小学入学适应教育指导要点》中的身心适应、生活适应、社会适应和学习适应四大维度，结合小学的实际情况，了解从小学的角度介绍新生应该具备哪些习惯与能力，小学与幼儿园共同商议具体的幼小衔接内容以及如何开展相关活动。小学也可在一年级上学期、新生入学前期设置相应的衔接课程，给新生一个过渡时期，使其逐步适应小学各方面的生活，帮助幼儿顺利地从幼儿园过渡到小学。

 知识卡片

**我的入学能力**

1. 我能保持个人卫生，例如：自己洗手和自己擦鼻子。
2. 我会询问和回答简单问题。
3. 我会自己吃饭，例如：使用刀、叉和勺子。
4. 我会轮流活动和倾听他人。
5. 我会自己穿衣服，例如：袜子和鞋子、连衫裤和外套。
6. 我会表达自己的感受，例如：感到自豪、感到开心。
7. 我乐于尝试新事物，例如：食物、游戏。
8. 我能自主如厕，例如：擦屁股、冲厕所。
9. 我能自信地寻求帮助。
10. 我能理解遵守规则的必要性。

11. 我自信地长大成人。
12. 我能自己玩，也能和别人一起玩。
13. 我能听懂并遵从简单的指令，例如：拿起鞋子。
14. 我能自己平静下来，例如：在激动、难过或生气时。
15. 我会用故事和儿歌加入活动。

（资料来源：塔姆辛·格里梅著，胡福贞、王鸿、何姗译，《入学准备与有效学习：如何做好幼小衔接》，中国轻工业出版社2022年版，有改动。）

## 行动研修

### 设计大班幼小衔接主题活动

**一、任务目标**

（一）总体目标

具备设计与实施幼小衔接活动的能力。

（二）具体目标

1. 知道幼小衔接工作的内容。
2. 能基于幼儿的需要组织幼小衔接活动，帮助幼儿做好小学入学准备。

**二、任务要求**

调查幼儿与小学相关的前期经验，撰写幼小衔接主题活动记录，要求包含以下内容：活动名称、活动内容、活动准备（物质准备与经验准备）、活动反思与总结。

**三、情境任务**

大班即将开展幼小衔接主题活动，请基于幼儿的已有经验，设计幼小衔接活动的主题与内容（思维导图形式）。

（一）情境任务一

调查幼儿对小学的已有经验，如对小学的了解和疑问。

（二）情境任务二

基于幼儿的已有经验，设计幼小衔接活动的主题与内容（思维导图形式）。

（三）情境任务三

与幼儿进行总结与反思，帮助幼儿建立对小学的向往。

## 在线测试

1. （多选）幼小衔接工作涉及的主体包括（　　）。

    A. 幼儿园　　　　B. 小学　　　　C. 幼儿　　　　D. 家长

2. （多选）幼儿园的幼小衔接工作主要包括（　　）。

参考答案

A. 身心准备　　　　B. 生活准备　　　　C. 社会准备　　　　D. 学习准备

3.（简答）家庭的幼小衔接工作有哪些内容？

4.【2021·下】有家长说，这一家幼儿园天天让孩子玩，什么都没有教，不教拼音，不教写字，孩子连字都不认识几个。家长的说法是否正确？请说明理由。

### 课后学习指导

1. 中华人民共和国教育部，《教育部关于大力推进幼儿园与小学科学衔接的指导意见》，http://www.moe.gov.cn/srcsite/A06/s3327/202104/t20210408_525137.html。

2. 塔姆辛·格里梅著，胡福贞、王鸿、何姗译，《入学准备与有效学习：如何做好幼小衔接》，中国轻工业出版社2022年版。

### 评价反思

模块四　项目二　学习情况评价表

| 评价项目 | | 评价标准 | 状态水平描述 | | |
|---|---|---|---|---|---|
| | | | 自我评价 | 小组评价 | 教师评价 |
| 学习内容评价 | 理解幼小衔接工作 | 1. 是否知道幼小衔接的意义 | | | |
| | | 2. 是否了解国家幼小衔接相关文件 | | | |
| | 组织幼小衔接活动 | 1. 是否知道幼小衔接工作的四个准备 | | | |
| | | 2. 能否设计与组织幼小衔接工作 | | | |
| 学习表现评价 | 学习态度 | 1. 是否认真学习本项目内容 | | | |
| | | 2. 是否积极参与课堂讨论和小组活动 | | | |
| | | 3. 是否认真完成练习题和拓展实践 | | | |
| | | 4. 是否积极思考并主动向同学和保教人员请教问题 | | | |
| | 学习能力 | 1. 能否运用本项目内容结合实际计划幼小衔接活动 | | | |
| | | 2. 能否结合本项目内容对幼儿园幼小衔接主题活动进行反思 | | | |
| | | 3. 能否主动查阅相关书籍进行拓展阅读 | | | |
| 综合评价 | 自我评价：<br>小组评价：<br>保教人员评价： | | | | |

# 项目三 设计与组织大型活动

## 内容导读

本项目将介绍幼儿大型活动的定义,并介绍节日活动、特色活动、学期活动、安全活动、教师活动、探究活动和家长活动七类大型活动;阐述计划与组织幼儿园大型活动的步骤,以及每个环节的具体内容和注意事项,并呈现一份大班毕业庆典活动方案供学习参考。

## 任务一 幼儿园大型活动概述

### 学习目标

认知目标:知道常见的幼儿园大型活动。
技能目标:能够计划并实施幼儿园的大型活动。
情感目标:愿意参与大型活动的设计与实施,发展幼儿各方面的能力。
思政目标:知道大型活动的目的,设计与组织大型活动时能做到以幼儿为本,以幼儿为中心。

### 基础知识

#### 一、幼儿园大型活动的定义

幼儿园大型活动是指幼儿园有目的、有计划地组织和开展,非个别班级师生参与的具有一定规模的教育活动。

#### 二、幼儿园大型活动的内容

（一）节日活动

幼儿园的节日活动大体上可分为传统节日和现代节日两类。传统节日包括春节、端午节、中秋节、重阳节、二十四节气等;现代节日包括国庆节、儿童节、母亲节、父亲节、读书日、爱眼日、地球日等。每个幼儿园会结合园所实际选择部分节日举办大型活动。

（二）特色活动

幼儿园有各类特色活动,例如:艺术节中,幼儿认识艺术名家,体验各种艺术形式,感受美、欣赏美并创造美;科技节中,幼儿动手实践,探究科学知识的有趣和有用；运动会上，幼儿体验各种运动项目，发展对体育运动的兴趣，提高身体素质。基于幼儿爱玩水的特点，一所幼儿园在夏天选择天气晴朗的日子举办玩水日活动，幼儿可以在水中和小朋友尽情地玩耍；"有趣的十月"是一所幼儿园的特色活动，十月的每个周五，幼儿园都有一个特定的主题，如疯狂发型日，幼儿可以设计各种各样的发型来到幼儿园，又如睡衣日，幼儿穿着自己的睡衣来到幼儿园等；跳蚤市场也是很多幼儿园会举办的大型活动，幼儿将"售卖"自己不再使用的玩具等物品，实现资源循环。此外，幼儿园还有音乐会和园庆活动等特色活动。

### （三）学期活动

学期活动是幼儿园每年的固定活动，如新生入学欢迎活动和毕业庆典（图4-3-1、图4-3-2）。

图4-3-1　大班毕业庆典大厅展示　　　　　图4-3-2　大班毕业庆典

### （四）安全活动

幼儿园中的安全活动包括地震演练、消防演练等，将根据幼儿园的计划定期进行。

### （五）教师活动

教师活动的主要对象是幼儿教师，如赛课比赛、等级考核、演讲比赛等。部分幼儿园还有急救考核，培训急救知识后对教师进行考核，确保每名教师都熟悉急救知识。

### （六）探究活动

探究活动由幼儿在主题活动中的探究兴趣生成。例如：小班幼儿对消防车感到好奇，教师组织幼儿参观消防站；中班幼儿讨论如何保持健康，涉及健身房，教师根据幼儿的兴趣组织参观健身房。此类活动往往基于幼儿的兴趣，幼儿的兴趣有所差异，因此活动也有所不同。

### （七）家长活动

家长活动主要针对幼儿家长举办，如新生家长会、健康知识讲座、家长开放日等。

**学有所思**

结合你的生活经验，你还知道哪些幼儿园大型活动？幼儿园的大型活动能发展幼儿哪些方面的能力？

## 任务二 设计与组织幼儿园大型活动

### 学习目标

认知目标：知道常见幼儿园大型活动的设计与组织流程。
技能目标：能够计划并实施幼儿园的大型活动。
情感目标：愿意通过组织与实施大型活动帮助幼儿在快乐中成长。
思政目标：在设计与组织大型活动时做到以幼儿为本、以幼儿为中心。

### 基础知识

#### 一、总体计划

筹备大型活动时，通常由幼儿园的管理人员对活动时间、活动地点、参加人员、活动意义、活动经费等进行整体规划。每次活动可组织专项小组筹备。行政管理人员进行总体规划，涉及相关活动的教师作为筹备人员，还可招募园内其他教师和家长志愿者协助。例如，毕业典礼涉及所有大班老师，因此大班老师都是筹备小组成员，此外再招募小、中班老师以及大班家长志愿者协助，家园合作一起办好大班幼儿的毕业典礼。

#### 二、制定方案

（一）撰写活动方案

1. 指导思想

指导思想须写明本次活动的目的和意义。幼儿园活动应以幼儿为本，最终指向幼儿的发展。如新生体验日的目的是帮助即将入园的新生了解幼儿园，熟悉幼儿园的环境和认识幼儿园的老师，使其能够更好地适应幼儿园的生活。同时，这也是增进家长对幼儿园和教师了解的一个机会。

2. 活动时间与活动地点

活动方案应写明活动时间与活动地点。活动地点通常分为园内和园外，如春游活动的地点一般在幼儿园之外，而大班毕业典礼，一些幼儿园选择在园内举办，一些幼儿园则选择园外的场地。因此，活动的地点因活动的性质不同而有所不同，不论园内或园外，都应在活动前进行实地考察，确保场地的安全性。

3. 准备事项、活动流程、人员安排与时间安排

准备事项中可以列明完成活动所需的准备，可以表格的方式列出，并将负责人与完成时间同列于表格中，便于查阅与对接相关负责人。例如，毕业典礼涉及诸多准备事项，活动流程确定、班级服装确定、活动道具准备、节目视频音频准备、主持人选拔与彩排、活动场地布置、家长邀请函制作等，可将这些事项一一列于表格中，并标注每一项工作的负责人与完成时间，在具体的时间节点与相关负责人确认完成情况，确保活动准备有条不紊地推进。活动当天的流程与人员安排等也应具体清晰，确保活动最终顺利进行。

### 4. 经费预算

大型活动的经费预算包括场地租赁费用、道具购买费用、场地布置费用等，也可以表格的方式呈现，标明每项经费的使用。

知识卡片

#### 组织幼儿园大型活动安全"六字诀"

1. 实地考察要"细"

大型活动场地不管是在园内或园外，还是在室内或户外，活动前必须派专人到活动场所进行全方位无死角的检查。一旦发现安全隐患，就要及时排除，或者对活动安排进行合理调整。

2. 报批手续要"齐"

幼儿园组织大型活动必须遵守相关的审批制度。先制定好详细的活动方案和安全预案，在园长签字同意后报上级教育行政部门审批。主管部门批准后，幼儿园还应将活动报告呈报公安部门，然后与辖区派出所取得联系，请求他们派出警力到活动场地维持秩序和保护幼儿安全。如果幼儿是步行到达园外场地，还应联系交警大队，请求沿途的交通保护。

3. 职责分工要"明"

组织大型活动时最怕出现"真空"环节，即幼儿处在没有成人监管的状态。因此，确定活动方案以后，要召开一个活动部署会，将整个活动的流程、人员的安排、完成的时间节点、交接的注意事项，等等，清楚明白地告知所有参与人员，某些关键的或者复杂的环节，甚至要以口头排演的方式对接，使得大家对自己在什么地点、什么时间、负责什么事情都清清楚楚、明明白白。如果是有家长参与的亲子活动，教师明确职责以后，要召开简短的家长会，或采用书面通知的形式跟家长对接沟通，向家长说明活动的目的和具体时间、地点，家长监管孩子的职责，安全注意事项，等等。

4. 组织安排要"密"

幼儿园大型活动的组织安排要周密部署，特别是关键环节和位置的人员安排，要百密而无一疏。

5. 人数清点要"勤"

大型活动的开展过程中，教师要养成勤点幼儿人数的习惯。每一次活动，教师都要带好点名册、小铃等物品。出发前清点人数，并检查幼儿的身体状况，如果发现有不适合参加活动的幼儿及时通知家长。到达活动地点后，重新清点幼儿人数，并随时关注幼儿的身体、情绪等状况。活动结束后，教师再次细心清点人数。如果家长要在活动现场接走孩子，必须在接送表上签字，一律不允许他人代接，避免冒领、拐骗等事故发生。

6. 应急处理要"快"

安全以预防为主，一旦发现存在安全隐患，应立即调整方案甚至取消活动。大型活动一旦发生不可预知的突发事件，幼儿园应当立即启动应急处理程序。如果发生安全事故，幼儿园应当按照规定程序层层上报，根据预案妥善处理。所有参与组织活动的人员必须保持通信畅通，以保障活动过程中信息上传下达的有效和迅速。

（资料来源：胡丰亚，《组织幼儿园大型活动安全"六字诀"》，《早期教育》2018年第4期，第33页，有改动。）

### （二）讨论与修改

活动方案撰写完成后，可组织所有与活动相关的人员对活动方案进行讨论并修改，集思广益，收集大家的意见和建议，修改完成后再次下发，确保通知到所有活动筹备人员，每个人都明确自己的职责。

### 三、活动实施

活动实施分为准备过程与活动当天。准备过程中，应在每项准备的时间节点及时确认是否完成。在大型活动的前一天，应再次确保参与人员明确自己负责的事项，检查活动场地与材料准备。活动当天，相关负责人员保持通信畅通，确保活动顺利进行。

### 四、反思总结

反思总结是大型活动不可缺少的一个环节。活动结束后，活动组织者可以就活动实施的优点与不足进行讨论总结，优点可以在下一次活动时继续借鉴，不足之处则可以思考如何改进。同时，还可搜集活动参与者对活动的反馈，帮助更好地提升大型活动的质量，最终促进幼儿更好地发展。

 知识卡片

#### "快乐飞翔"幼儿园毕业典礼

1. 使用导引

童年是一段"快乐来得快，忧愁去得快"的纯真时光，也是许多人长大之后眷恋的寻梦园。经过三年在幼儿园的学习和生活，大班幼儿即将告别老师和同伴，进入下一个阶段的小学生活。为了全面展示毕业生的风采，激发幼儿作为毕业生的自豪感，体验毕业离园时的惜别情，萌生对小学生活的向往之情，同时也给幼儿留下一份珍贵的回忆，在大班幼儿即将毕业之际，安排毕业庆典活动。毕业典礼既是幼儿三年在园生活结束时的一个典礼，也是教师为幼儿最后设计的一个活动课程。

2. 活动目标

（1）积极参与毕业庆典活动，勇敢展示自己，感受毕业典礼的欢乐气氛。

（2）在参与毕业典礼的排练和演出过程中，激发团结协作精神，展示三年来的学习、成长与进步。

（3）珍惜离别，学会分享，学习感恩，体验毕业离园时的惜别之情，表达告别老师和同伴的情感。

（4）为自己成为幼儿园毕业生而感到骄傲和自豪，萌发对小学生活的向往之情。

3. 活动准备

（1）联系毕业典礼场所，做好走台、彩排、正式演出的场地准备。

（2）布置毕业典礼会场。

（3）做好毕业生舞台节目表演以及主持人、家长代表、毕业生代表发言的排练和准备工作。

（4）购买毕业典礼需要的演出服装、化妆品、毕业证、鲜花等。

（5）邀请领导、嘉宾、幼儿家长代表、报社媒体等。

4. 活动地点

幼儿园礼堂或外租会场。

5. 活动时间

7月初某天14：50—17：00。

6. 活动形式

大班全体师生。

7. 人员安排

（1）大班年级组组长：负责整个活动的策划、组织、指导与执行。

（2）大班班级教师：执行年级组组长的活动方案。

（3）教学副园长或教学主任：协助整个活动的推进工作。

（4）后勤组：购买毕业礼品、鲜花、礼炮等，联系场地，协调灯光师，布置场地，制作家长入场券等。

（5）中、小班年级组：派有特长的教师支持大班毕业典礼的开展。

（6）家长：参与毕业典礼化妆、门卫等志愿工作。

（7）其他角色：摄像、摄影人员，音响负责人员，医生，场地秩序维护人员，门卫等。

8. 活动流程

家长进场—毕业典礼—珍贵一瞬间—家长携幼儿离场。

9. 活动过程

（1）家长进场（14：50—15：00）。

模块四 幼儿园不同阶段典型工作管理

设计要点：家长提前10分钟凭票进场，依照观众席座次安排入座，即按色块安排入座（大一班红色；大二班蓝色；大三班黄色；大四班绿色）。为每个家庭发两张票，在门口入场处张贴一张座位示意图。

活动要求：家长按照观众席座次安排入座。要求家长着正装准时出席。

（2）毕业典礼（15:00—16:20）。

① 导引——开场舞。

设计要点：在欢快喜庆的开场舞中，主持人亮相。

主持人：孩子们，恭喜你们毕业了！在今天这个特别的日子里，园长有很多祝福的话想要对小朋友们说，请看大屏幕。（大屏幕播放园长的讲话视频）

园长寄语后，主持人宣布本届毕业典礼正式开始。

活动要求：提前录制园长祝福毕业生的视频。开场舞之前，全场保持安静。

② 第一篇章——《甜甜的回忆》。

设计要点：播放毕业生三年成长的视频，带家长走近幼儿三年的成长生活。大屏幕播放孩子们欢呼和放飞气球或鸽子的视频，配上轻音乐，同时在视频下方出现字幕："三年前，宝宝们依依不舍地离开家人，半是无奈半是好奇地走进幼儿园。如今，他们就要毕业了，即将开启新的重要篇章。于是，我们和家长、孩子一同重温曾经的时光，用感恩的心、用快乐的记忆勾画三年里的点点滴滴……"配乐播放幼儿从小班、中班到大班在园生活、学习的照片及幼儿参加大型活动的录影。

情景节目《宝宝长大了》。一群表演功底非常棒的大班幼儿用从稚嫩到慢慢成熟的动作表现自己的成长过程。"我们在磨炼中坚强了，我们在表演中自信了，我们在运动中健康了，我们在游戏中快乐了，我们在时间中长大了。"主持人以激情洋溢的话语迎出一群长大了的宝宝。

合唱节目《友谊地久天长》。主持语："爱玩是我们的天性，三年的时光让友谊之花在此地久天长。"

活动要求：提前收集资料，制作毕业生三年成长视频。做好节目间的衔接，保证章节的完整性。

③ 第二篇章——《感谢您》。

设计要点：

真情表白。在抒情的音乐声中，一群女孩与老师翩翩起舞。幼儿代表与家长代表在情境中真情表白，抒发师生离别、感恩之情。

家长倾情表演《课堂ABC》。家长为孩子精心策划小学课堂情景，激发幼儿对小学的向往之情，表达全体家长的一片心意。

幼儿真情流露《爱在人间》《朋友》。集体表演两首好听的歌曲，表达毕业生对父母、师长的感恩之情，对小伙伴表达深深的友谊和爱。

全体大班幼儿合唱《毕业歌》。采取男女生对唱与合唱的方式，适当加入头

部动作与手势,表达全体毕业生即将离开幼儿园的不舍与感恩。

园领导颁发毕业证。园领导为全体毕业生颁发毕业证书,教师协助,每名毕业生拿到证书以后要向园领导表示感谢,园领导祝贺,营造热烈但又庄重的颁证氛围。

家长代表献花。家长代表向教师以及幼儿园工作人员代表(行政、安保、医生、厨师等)献花。

活动要求:园领导颁发毕业证时,要保证每名毕业生都能拿到自己的毕业证。教师要提前按照幼儿的站位排序,并现场协助园领导颁证。

为保证演出效果,禁止家长现场录影和拍照,幼儿园统一安排专业录影师现场录影。

家长代表献花环节要提前做好幼儿园工作人员的组织与排练工作。

④ 第三篇章——《明天更美好》。

设计要点:

打击乐表演《喜洋洋》《大中国》。大班幼儿先后表演打击乐《喜洋洋》与《大中国》,表现出祖国的辉煌。

快乐体育表演《从这里开始飞翔》。在背景音乐中,将毕业生表演的呼啦圈、运球、跳绳等各种运动技能组合在一起,相继呈现在舞台上,表现毕业生积极向上、朝气蓬勃的体育运动精神。

舞蹈《我是小女兵》。这是专门为女生设计的一个节目。选择具有军队题材的音乐,配上女生干脆、有力的基本动作,表现军人的风范。

中班舞蹈《虫儿飞》。中班幼儿代表弟弟妹妹为大班的哥哥姐姐送上美好的祝福。

活动要求:快乐体育表演《从这里开始飞翔》环节,要管理好体育器械,关注幼儿舞台表演的安全。

中班舞蹈《虫儿飞》环节,要关注中班幼儿的情绪与组织工作。

(3)珍贵一瞬间(16:20—16:50)。

设计要点:教师、幼儿、家长在音乐声中道别、合影,留下永恒的美好回忆。

活动要求:要营造全场自然、热烈的场面,同时工作人员要注意现场的组织和安全;拍集体照的工作人员速度要快。

(4)家长携幼儿离场(16:50—17:00)。

设计要点:演出结束后,各班教师听前台指挥组织各班幼儿按秩序与家长交接。

活动要求:注意派专人把守台口,防止电线、灯光等设备绊倒幼儿。各班接幼儿要有序,一定要把幼儿交到家长手里。家长接到幼儿后快速离开,避免混乱。

模块四 幼儿园不同阶段典型工作管理

### 附表1：毕业典礼现场分工及人员安排表

| 项　目 | 负责人员 | 具体负责内容及要求 |
|---|---|---|
| 现场总负责 | 园长 | 现场总监督及突发事变的决策 |
| 现场总指挥 | 副园长或教学主任 | 对现场总负责 |
| 安全、后勤总负责 | 后勤主任 | 检查现场安全部署情况，安排现场观众、领导席位，临时调配、安排后勤物资 |
| 总执行 | 大班年级组组长 | 负责整个毕业典礼现场程序的推进工作 |
| 视频制作 | 大班年级组教师3人 | 1人制作视频（可外请人员），2人搜集资料 |
| 撰稿人 | 大班年级组主持教师、家委会代表 | 撰稿主持人台词，撰稿幼儿、家长真情表白文字及三个篇章文字解说 |
| 前台指挥 | 大班年级组班主任 | 负责演出现场协调（灯光、音响、道具搬运、喷放彩条礼花等），保持舞台干净 |
| 后台管理 | 大班年级组班主任 | 负责分配各节目固定休息点，维持后台秩序，各休息点要有醒目的节目名称，供催场老师了解 |
| 催场 | 大班年级组教师或家长 | 直接与节目负责人联系，两个节目同时候场，候场时保持舞台两侧安静 |
| 主持人 | 教师及幼儿 | 负责现场主持工作 |
| 摄影、摄像 | 外请专业录影师 | 负责整场典礼的摄影、摄像工作 |
| 视频及音响 | 电教老师 | 按规定的节目顺序播放视频及用音响播放音乐 |
| 灯光 | 剧场工作人员 | 根据节目进行灯光调配 |
| 化妆、服装 | 家长志愿者 | 协助演员更衣、化妆、上场 |
| 迎宾 | 中、小班教师 | 负责迎接家长及来宾 |
| 道具 | 厨房工作人员 | 道具管理及上下台搬运 |
| 舞台布景及卫生 | 美术教师与保育员 | 美术教师负责舞台背景及舞台设计，保育员负责现场的卫生工作 |
| 医护 | 医务人员 | 负责现场人员的急救以及安全预防工作 |
| 安保 | 保安 | 把守会场的入口，防止幼儿擅自离开 |
| 交通 | 司机 | 负责道具等物品的搬运 |

169

附表2：节目管理人员分工表

| 节目序号及名称 | 节目负责人 | 演员名单 | 幼儿交接提示 |
|---|---|---|---|
|  |  |  |  |
|  |  |  |  |
|  |  |  |  |

附表3：节目要求明细表

| 节目序号及名称 | 节目负责人 | 道具及服装 | 灯光及音乐视频要求 | 话筒要求 |
|---|---|---|---|---|
|  |  |  |  |  |
|  |  |  |  |  |
|  |  |  |  |  |

（资料来源：李春玲著，《幼儿园大型活动组织与策划手册》，中国轻工业出版社2015年版，有改动。）

### 行动研修

#### 设计园级活动——传统节日春节游园活动

**一、任务目标**

（一）总体目标

具备设计与实施幼儿园大型活动的能力。

（二）具体目标

1. 知道组织大型活动的流程。

2. 能基于幼儿的发展与兴趣组织春节游园活动，帮助幼儿体会传统节日春节并萌发爱祖国的情感。

**二、任务要求**

1. 调查不同年龄段的幼儿对春节的前期经验（春节的习俗、过春节的感受等）。

2. 撰写春节游园活动策划方案，结合年份设计活动名称、游戏项目与班级游园时段、人员安排及材料准备、活动流程与时间、活动反思与总结。

## 三、情境任务

幼儿园即将计划新一年的大型活动,请调查幼儿家长对幼儿园不同类别大型活动的感受和建议。

1.(多选题)家庭的入园适应工作主要包括(　　　)。
　　A. 身心准备　　　　B. 物质准备　　　　C. 材料准备　　　　D. 能力准备
2.(简答题)幼儿园大型活动的设计与实施包含哪些环节?

参考答案

1. 中华人民共和国教育部,《教育部关于大力推进幼儿园与小学科学衔接的指导意见》,http://www.moe.gov.cn/srcsite/A06/s3327/202104/t20210408_525137.html。

2. 塔姆辛·格里梅著,胡福贞、王鸿、何姗译,《入学准备与有效学习:如何做好幼小衔接》,中国轻工业出版社2022年版。

3. 李春玲著,《幼儿园大型活动组织与策划手册》,中国轻工业出版社2015年版。

评价反思

模块四　项目三　学习情况评价表

| 评价项目 | | 评价标准 | 状态水平描述 | | |
|---|---|---|---|---|---|
| | | | 自我评价 | 小组评价 | 教师评价 |
| 学习内容评价 | 大型活动的设计与组织 | 1. 是否知道幼儿园大型活动的类别 | | | |
| | | 2. 能否组织并实施幼儿园大型活动 | | | |
| 学习表现评价 | 学习态度 | 1. 是否认真学习本项目内容 | | | |
| | | 2. 是否积极参与课堂讨论和小组活动 | | | |
| | | 3. 是否认真完成练习题和拓展实践 | | | |
| | | 4. 是否积极思考并主动向同学和保教人员请教问题 | | | |
| | 学习能力 | 1. 能否运用本项目内容结合实际计划入园适应和幼小衔接活动 | | | |
| | | 2. 能否结合本项目内容对幼儿园实践活动进行反思 | | | |
| | | 3. 能否主动查阅相关书籍进行拓展阅读 | | | |

（续 表）

| 评价项目 | 评价标准 | 状态水平描述 | | |
|---|---|---|---|---|
| | | 自我评价 | 小组评价 | 教师评价 |
| 综合评价 | 自我评价：<br>小组评价：<br>保教人员评价： | | | |

# 参考文献

［1］ 中华人民共和国教育部.幼儿园教育指导纲要（试行）［M］.北京：北京师范大学出版社，2001.

［2］ 张富洪.幼儿园班级管理［M］.上海：复旦大学出版社，2012.

［3］ 左志宏.幼儿园班级管理［M］.2版.上海：华东师范大学出版社，2022.

［4］ 张金陵.幼儿园班级管理［M］.2版.上海：华东师范大学出版社，2023.

［5］ 晏红.幼儿教师与家长沟通之道［M］.2版.北京：中国轻工业出版社，2018.

［6］ 吕衷媛，华丽，王玉月.幼儿园环境设计的整合与创建——从"环境设计"到"环境布置"［M］.北京：科学出版社，2018.

［7］ 伯克.伯克毕生发展心理学［M］.陈会昌，等，译.4版.北京：中国人民大学出版社，2013.

［8］ 汤普森，科恩，格雷斯.妈妈，他们欺负我——帮助孩子解决社交难题［M］.游戏力翻译组，译.北京：中国人口出版社，2017.

［9］ 陈文英.儿童视角下大班幼儿班级归属感的研究——基于马赛克方法的实践运用［D］.南昌：江西科技师范大学，2022.

［10］ 范卫卫.关怀伦理视角下昆明市A幼儿园班级管理的个案研究［D］.昆明：云南师范大学，2021.

［11］ 刘幸.幼儿园班级安全管理问题及对策研究［D］.济南：山东师范大学，2022.

［12］ 姜玉洁.幼儿园教师班级管理的关键事件研究［D］.扬州：扬州大学，2022.

［13］ 谷周旋.气质类型与幼儿园教师班级管理风格的相关研究［D］.保定：河北大学，2020.

［14］ 贾若涵.幼儿园教师班级管理策略运用的现状及问题研究［D］.沈阳：沈阳师范大学，2020.

［15］ 周密.重庆市Y区幼儿园大班班级管理现状研究［D］.重庆：重庆师范大学，2020.

［16］ 王富荣.幼儿园班级环境创设的研究［D］.福州：福建师范大学，2016.

［17］ 夏小芳.幼儿园班级环境创设有效性之研究［D］.济南：山东师范大学，2014.

［18］ 刘云艳.给幼儿园教师的101条建议：幼儿心理健康教育［M］.南京：南京师范大学出版社，2014.

［19］ 宋俊红.谈幼儿班级管理的基本原则［J］.新智慧，2022，（32）：67-69.

［20］ 周璐瑶.浅谈幼儿园班级管理的内容及功能［J］.散文百家，2018，（8）：172.

[21] 侯莉敏.幼儿园学习环境创设的变迁、审思与再定义[J].学前教育，2022，（11）：4-8.
[22] 虞永平.幼儿园教育环境创设与利用的问题和思路[J].早期教育，2021，（3）：4-7.
[23] 贾云，尹坚勤，吴巍莹.同事间信任对幼儿园教师消极情绪的影响：职业延迟满足的中介作用[J].学前教育研究，2021，（6）：70-80.
[24] 杨余香，邹鲁峰，刘媛媛，等.如何看待幼儿园同事之间的分歧与矛盾[J].早期教育（教师版），2009，（C1）：29-31.
[25] 中华人民共和国教育部.教育部关于大力推进幼儿园与小学科学衔接的指导意见[EB/OL].（2021-03-31）[2024-03-09］．http://www.moe.gov.cn/srcsite/A06/s3327/202104/t20210408_525137.html.